[加] Shimi K. Kang
希米·康 著

洪慈敏 译

佛妈妈的海豚教养法

The Dolphin Parent

A Guide to
Raising Healthy, Happy,
and Self-Motivated Kids

上海社会科学院出版社
SHANGHAI ACADEMY OF SOCIAL SCIENCES PRESS

致乔什、贾埃弗和吉尔,我最爱的三个孩子,
以及这个世界上所有神奇的孩子。

愿你们像海豚一样,
在千变万化的人生旅途中快乐前行。

看透事物的本质，
你就能更好地理解世事。

——阿尔伯特·爱因斯坦

目录
/
CONTENTS

前言　面对心中的老虎　　　　　　　　　　　　　1

PART 01　进退两难
"我觉得这样做好像不对，可其他人都这么做……"

第一章　虎式教养大行其道　　　　　　　　　15
第二章　虎爸虎妈会养出什么样的孩子？　　　37

PART 02　解决良方
与海豚共舞

第三章　21 世纪是海豚的时代　　　　　　　65
第四章　海豚如何茁壮成长？　　　　　　　　83

PART 03　身体力行
均衡发展造就 21 世纪的成功

第五章　打好基础为首要之务	**101**
第六章　玩乐是天性	**125**
第七章　人类是社交动物	**154**
第八章　海豚教养工具箱	**176**

PART 04　迎接转变
创造健康、快乐又充满内在动力的人生

第九章　持久不断的内在动力	**199**
第十章　海豚父母会养出什么样的孩子？	**222**
第十一章　回归人性	**244**

致　谢　　　　　　　　　　　　　　**258**

前　言
Introduction

面对心中的老虎

我又迟到了。每次载孩子去上钢琴、足球和游泳课好像都会迟到。脑袋里千头万绪：电子邮件还没发出，工作要赶在期限内完成，还得去买食物。待办事项怎么做都做不完。我心想："我需要来杯咖啡！"可能这句话有时候还会不小心脱口而出。随着焦虑程度升高，神经变得紧绷，头也开始痛了起来。而咖啡只会加剧这些症状，但我已经管不了那么多了，只想抗拒睡魔的甜蜜诱惑。

变换车道看后视镜时，我顺带瞧了一眼坐在后座的儿子。他看起来无力、空洞又迷惘，我的心揪了一下，甚至痛了起来。

"宝贝，怎么了？"我问。

"妈妈，"他疲倦地叹了口气，用我几乎都要听不到的声音说，"我不想去上钢琴课，我只想回家玩。"

我的心更痛了。儿子只想像个孩子一样玩耍，而我自己不就是这样长大的吗？有如晴天霹雳一般，我发现这么多活动、比赛、营队和课程，已经把六岁的儿子变成了一个过劳的中年男子。我是怎么了？我最近怎么变成个虎妈了？你应该听过，蔡美儿在《虎妈战歌》中让这种专制式的管教方式名声大噪，她在书中骄傲地讲述着：孩子不能玩耍约会，没有选择权，练琴的时候甚至不能上厕所。我在不知不觉间也用了相同的方法，虽然它跟我的价值信念几乎背道而驰。那一刻，就在车里，我一下顿悟了，我下定决心要改变。我要让儿子过正常的童年，而不是成为一个被设定好程序的机器人。我要找回自己，重拾活力和快乐，不要机械式地生活。我们放弃了钢琴课，我承认我跟儿子一样对这份重获的自由感到兴高采烈。

不过，给予孩子玩乐的自由并不像取消钢琴课那样简单。我过去一直想跟他玩乐高积木，但两个人都没时间，现在终于可以了，我带儿子去附近的玩具店买乐高。我还记得小时候玩乐高的温馨回忆：拼搭房子、动物和各种天马行空的想象。但到了玩具店，我却找不到记忆中的乐高，只有特定主题与形状并附带详细说明书的套装，要你照着说明去拼出模型。现在玩乐高的小朋友在玩之前就已经知道会做出什么东西了，根本不需要用到任何想象力！而且，我看到好多都是品牌联名款，有星际大战系列、旋风忍者系列和神兽传奇系列。反而找不到单纯的色块积木。

乐高始于20世纪30年代，当时是一家制造木制玩具的公司，1949年开始生产塑料砖。在没有说明书的时期，乐高让孩子随心所欲地搭建出任何他们想要的东西，不管是宇宙飞船、神奇魔杖、汽车、长颈鹿还是火车站。多年后才发展出轮子（1961年）和人形积木（1978年）等道具供孩子使用，但可以实现想象力的乐高积木本身永远都是亮点。

到了20世纪90年代初期，乐高推出主题组合，通常在圣诞节前开始销售，到了新年很快就被淘汰换新。这些组合价格昂贵又短命。想当年乐高组合总是可以玩个十年甚至留给下一代，现在新潮的主题组合能撑过一季就不错了。

接下来在20世纪90年代中期，乐高有了新的产品线，像是机械组合以及乐高计算机游戏。乐高大打广告，迅速推出新的主题组合，家长便会依照惯性买回天价套装。没能及时抢购或无法每季花100美元买乐高的父母，会觉得好像对不起孩子。单是2011年，就有十个新的主题乐高套装上市，而且还是限时发售。

　　回家后，儿子打开他选的乐高复杂套装，但我们两个对于要怎么拼都手足无措。没多久我拼不下去了，要他去找爸爸帮忙。接着我丈夫满头大汗地研究说明书，好像在组装宜家家具。乐高再也不是用来"玩"的了！与其说孩子"玩乐高"，不如说他们"遵照乐高说明书的步骤"或"看着父母满头大汗地研究乐高说明书的步骤"。当然了，孩子偶尔会玩一下乐高的星际大战宇宙飞船，如果没被摆在架子上展示的话，但为什么不干脆买一艘宇宙飞船模型呢，不但不用耗费好几个小时来拼凑，不会一下就弄坏，也不必花100美元吧？好吧，我离题了。2013年推出的乐高是一种像在"玩"的安全活动，不过……

　　我童年时期的乐高能够激发创意和开发脑力，而且让人玩得很尽兴！我们可以开开心心、自由自在地创造出任何东西，不会充满挫败感；它鼓励我们成为独立思考的领导者，而非只会听命行事。怎么会这样呢？身为父母，我们为什么会助长这种负面发展？为什么要买跟我的核心价值观背道而驰的商品？我难道不能就让儿子到外面挖蚯蚓？我最终意识到，我不但可以这样做，而且必须这样做，因为这是孩子最需要的。

父母教我的课题

　　我很庆幸那一天开车调头回去，把钢琴课抛在脑后。做出决定的那一刻，我挂念着儿子，也想起了自己的父母和患者。我在许多患者脸上看到过和我儿子类似的沮丧表情，小小年纪的他们是钢琴、体操或数学天才，但内心疲惫不堪，脆弱又空虚。身为家长和监护人，孩子因为我们的行为而筋疲力尽，这让我想起我的父母曾经说过的一句话："儿女不属于我们，而是属于宇宙，只是在旅程中经过我们家，需要我们来引导。"我终于明白这话的意思了：儿子不是"我的"财产，我的工作不是控制他，而是引导他。虽然我给他安排了许多教育和训练的活动，但并没有好好引导他学习人生中真正重要的事。这样的想法让我意识到我是多么感谢我的父母，他们让我思考我们的生活为何会如此相似却又如此不同。

我的父母从印度的一个小村庄搬到加拿大，一无所有，无依无靠，生活没有什么保障。我的母亲没有受过正规教育，连小学一年级都没读过，但我却上了全世界最好的大学。我的父亲白天辛苦上课，晚上靠开出租车养家糊口。我努力应付三个年幼的孩子、逐渐年迈的父母、婚姻、家庭、全职工作、社区服务、亲朋好友，还有其他数不清令我分心的杂事。我紧盯着儿子一年级的数学成绩，但我19岁被医学院录取，我父母在我的求学过程中基本没有介入。我的动力来自他们灌输给我的价值观，而非指令。"多为自己以外的人着想"让我在21岁时到很多地方的活动中心演说，帮我自己的慈善基金募款；"让世界变得更好"驱使我在22岁时到日内瓦的世界卫生组织实习；"运用你的创意思考"启发我为患有心理疾病和药物滥用的年轻人设计出一套创新计划（全球这样的计划没几个）；"以身作则"鼓励我担任温哥华儿童与青少年心理健康计划的医疗顾问负责人一职，同时在波士顿一家正在崛起的生物技术公司兼职做研究。

我从父母身上学到了人生中最重要的东西。在成长过程中，我见识到他们深厚的职业道德（这一点在我的哥哥姐姐身上也看得到）、适应和创新能力，以及对家庭与社区的坚定付出。我们家不是一直都很快乐，远非如此。跟任何家庭一样，我们也有压力和混乱要面对，包括许多严重的问题。虽然如此，我从小到大还是感受得到家人对我的爱。我知道他们对我有很高的期望，希望我在人生各个层面都能成功。最重要的是，他们期望我能走出自己的小圈圈，为世界做出贡献。这个信息很清楚，也融入我们的家庭生活中："保持对人生的乐观态度，满怀喜悦并启发他人，这样大家便可以共享更美好的世界。"这个信息不是我父母讨论出来的策略，或人生教练给我的建议，他们没有时间和金钱做这种事，单纯因为他们就是这样的人，相信这样的价值观。

我的童年是今日的父母难以想象的（除非他们自己有类似的童年）。没有任何行程、家教、练习，甚至没有人监督我做功课。事实上，身为大家庭中最小的孩子，我常常必须自己管自己。妈妈无法教我写作业，因为她不识字。爸爸晚上开出租车时会带着我，顺便教我数学。我坐在前座，他会给我看他怎么给乘客找钱。我没有任何被安排好的活动，一个也没有。我自己去学校注册（为了更好地融入大家，我用了 Vieky 这个名字，而我的父母在一学期结束收到我的成绩单时才知道这件事）。我大部分时间都在读书以及玩土或玩雪。如果没有其他玩伴或玩具，我就会和自己想象出来的朋友玩。我的父母忙着在异乡落地生根，我有很多空闲时间可以让想象力不断成长。我在脑子里构筑出一层又一层的故事。

我的童年虽然自由自在，但不是没有责任要承担。我和其他哥哥姐姐需要学会照顾自己，帮忙做家务、买菜、编预算，还要为不会讲英语的祖父母和其他亲戚翻译账单和文件。我很忙碌，但不是忙着参加"活动"，而是忙着过现实生活。我被期待要在学校表现良好，和家人感情融洽，对朋友热情相助，为社群做出贡献，并且总是做对人类有益的事。在我 12 岁的某个星期五，我问妈妈那个星期天可不可以不去社区厨房帮忙，因为我表妹星期六过生日，我星期一又有数学测验，所以我想星期天待在家里学习。妈妈说："我相信你会想办法做好每一件重要的事。"这个信息很清楚，而且她是对的，我的确有办法。

我从小就很热爱写故事，梦想着有一天可以成为作家。但我认为艺术是普通移民家庭的子女追求不起的。幸运的是，我找到了其他的热情所在，也就是人脑以及它的运作方式如何受社会互动影响。我先是一名学生，后来读完博士成为一名精神科医生，再后来成为教授人类动机的老师。但我相信若不是孩提时代获得了自由并承担了责任，我能够取得这些成就的概率会低很多。

所以我为什么要剥夺我的孩子这些最基本的东西呢？自由时间、责任和现实生活中的经验都为我的童年带来了极大快乐，也为成年之后的我创造出巨大优势。

21世纪的教养与疯狂

我帮助过数以千计的人处理各式各样的问题：压力，家庭失和，工作与生活失衡，抑郁症、焦虑症、成瘾症、精神病和自杀倾向。因此我学会了如何分辨真正的心理健康疾病和一般的疯狂行为。心理健康疾病很严重、很常见（每四人中就有一人），但可以治疗。一般的疯狂行为是我们在日常生活中做的蠢事，比如边开车边发信息，不睡饱觉还喝更多咖啡，和另一半争执（觉得自己会赢），以及对儿女大吼让他们冷静（之后因为罪恶感而买东西给他们）。从某些层面来看，这些状况跟心理疾病一样令人苦恼，而且更难改变。从过去十几年的经验中，我已经磨炼得可以辨别出一个人需要的是做心电图，尝试新的药物治疗，还是特定的谈话治疗，他需要的可能只是一些支持，更充足的睡眠，或是从不同角度看事情（或以上皆是）。令我大吃一惊的是，在我遇到的那么多来自各个国家和不同文化的人中，不管是幼儿还是成人，流浪汉还是名人，最疯狂也最愚蠢的一群人就是21世纪的家长。有时我真想把塞缪尔·巴特勒（Samuel Butler）的名言刺在额头上："最不应该有小孩的人就是父母。"把它刺在手掌上更好，这样我就无时无刻都可以看得到，因为我自己也是这群家长中的一员。

家长会疯狂也不是没有理由的。人脑是全宇宙最复杂的东西，里面有超过一千亿个互相联结的神经元，处理我们每一个想法、行动和反应。不过，人类父母的大脑就更复杂了，原因是它对子女人生中的每个层面都极为敏感。父母与孩子的声音、味道、表情、肢体语言和触碰比任何人都要协调。人类神经科学的最新研究显示，母亲的大脑在怀第一胎时会经历巨大变化，神经联结与再联结的数量和青春期时不相上下。新手妈妈可以说是在生产之后有了一个跟她看到验孕结果呈阳性时完全不一样的大脑。

因为受到母亲和新生儿荷尔蒙（身体释放到空气里的激素）的影响，父亲也会经历没那么剧烈但类似的大脑变化。有证据显示，养父母的大脑同样也会经历类似变化。因此，不管是母亲还是父亲，育儿都会改变他们大脑联结的方式。这就像是重新经历了一次青春期，在我看来，情绪上的起伏也是少不了的。我认为这种对孩子超级敏感的现象是导致育儿如此困难的部分原因。没有任何事比孩子的命运更快启动人脑或让它进入恐慌模式。与此同时，孩子的大脑也一样不断在改变，并且对我们每一个表情、声调、肢体语言和评价都高度敏感。就是因为亲子之间有如此错综复杂的联结互动，我们的人生才会有这些最美好也最折磨人的体验。

教养的机会与限制

我很有兴趣从科学的角度去了解教养如何从正面和负面影响孩子的发展。我一旦发现自己有虎妈倾向,就想知道:虎妈教养是否有效?还有,什么叫作"有效"的教养?让我的孩子上哈佛吗?还是养出一个健康、快乐又积极的孩子,未来成为一个健康、快乐又积极的大人?

我们应该根据事实和科学来决定怎么教育和抚养下一代,而非把某个"虎妈"或其他家长的个人回忆录奉为圭臬。我必须更深入探究神经科学、行为健康和临床试验,还有自己的直觉和根深蒂固的价值观,才能得出结论该怎么教养下一代。

你会觉得我有了这样的认知,一定很清楚什么教养方式对我的孩子最好。其实我和很多父母一样,经常觉得直觉和恐惧互相冲突。如果我听到儿子班上的同学在地区拼字比赛中获胜,恐惧就会驱使我把正在太阳底下挖蚯蚓的儿子拖进屋里,提早别人一百步准备大学入学考试,尽管我的直觉告诉我别这么做!简直是进退两难。值得庆幸的是,我身为精神科医师的专业能帮助我突破迷惘。

压力和心理疾病正在不断流行,而15~24岁的年轻人受害最深。到2020年,抑郁症会成为西方世界仅次于心脏病的第二大疾病。处方药物滥用位列发达国家十大健康问题之首,其中大学生族群的数量攀升最快。自杀身亡的年轻人数量比他杀和战死加起来的数量还要多。全世界越来越多儿童出现压力过大、焦虑、睡眠不足和失眠,还有"运动过度"造成的伤害和脑震荡,以及"过度读书"引发的肥胖甚至近视等问题。我知道这些是因为我每天都会遇到,而我也知道这个情况不能再继续下去。我们正在扼杀我们的孩子。

我开始认为虎式教养的内容,比如过度安排行程、过度指示、过度引导、过度逼迫和过度铺路，不代表"过度教养"，而是严重的"教养不足"。若教养意味着让孩子未来过上富足的生活，那么虎爸虎妈所做的远远不够，而非太多。虎式教养无法打造健康的人生，我在自己的诊所里目睹过它能导致多么严重的不健康后遗症；虎式教养也无法带来快乐，我见识过老虎们有多不快乐，不论老少。虎式教养的目的不是让孩子学会人生课题，而是为了下一场考试拼命死读书。它忽视父母、祖父母和其他人生导师带给我们值得感恩的价值观，而这些价值观能让我们的下一代、整个社会和世界强韧又繁盛。

我无意指责任何父母，我首先承认了自己的虎妈行为。我想强调的是，我们都还是有希望的。家长不必当个控制狂，或是把孩子当作易碎的王子或公主。他们不必二选一，选择做个低成就的快乐儿童或高成就的悲惨儿童。我知道孩子是可以在一个失衡的世界中维持平衡的：聪明又快乐，有竞争力又有操守，实际又热情，拥有技能又脚踏实地，安全又独立，坚持又创新，成为某领域的顶尖人物又能投入社群，有企图心又无私。我和许多父母一样，都希望儿女能喜欢音乐和运动，拥有热爱的成功事业，包括在他们选择的领域出类拔萃，如果这是他们想要的人生。不过，孩子若没有健康的身心，就无法达到这样的平衡。关键条件是创造力、批判性思考、高超的社交技巧、积极的性格，以及在失衡的世界中适应和保持平衡的能力。每个孩子都有机会成就卓越、获得幸福和创造意义非凡的人生。只要我们选对教养方法，就能有更多孩子成长为均衡健全的大人。人生不是一场仅限于某些项目而且有人在旁边评鉴和打分的竞赛。人生是一场高低起伏的航行，时而风平浪静，时而载沉载浮，时而惊涛骇浪。

基于世界现状和下一代的任务，人类在地球上能够生存与否，有赖于我们今日如何教养孩子。只有 21 世纪的创新思考者能解决 21 世纪的问题，但这些人必须足够健康，也足够有心才做得到。如同爱因斯坦所说的："我们不能用制造问题时的同一水平思维来解决问题。"

为什么要读这本书？

我保证这本书和其他许多教养书不同，不会为你增加额外负担。事实上，我会帮你省去很多力气，因为教养可以很简单。不过，就和多数看起来很简单的活动一样，像是深呼吸、熟睡、喝足够的水，教养也不简单。

现在你可能会想："这位作者的意思是她知道教养的秘诀是吧？"我的答案是：没错，我知道教养的秘诀，但其实你也知道。教养其实没有什么秘诀，也没有普遍适用的教养法。如果你认为找到了"万灵丹"，等个几年看看：你的孩子会改变，或是你有了另一个孩子，而你需要以全新的方式教养他。

知道怎么教养不代表你就会照着那个方式去做。举例来说，多数人都知道怎么减肥（少吃多动）。很简单，对吧？那为什么肥胖在全世界持续蔓延？为什么会出现产值高达10亿美元的减肥产业？因为简单不代表容易，想不等于做。要解决一个问题，最简单的方式就是改变让这个问题存在的做法。例如，要解决全球经济危机，最简单的方式就是不要让借贷变本加厉；要解决环境问题，最简单的方式就是遏止污染。很多问题我们通常都知道怎么解决，但难以坚定不移地施行。要改变人类行为并不容易。大多数父母被问到教养问题时，都可以告诉你哪些教养法在子女、自己和家庭身上适用。大部分父母在教养时都曾有过平静、快乐和"成功"的经验，也知道是什么原因促成这样的经验。难处不是怎么做，而是根据你所知道的方法每天坚持。

现在我想问，你为什么会挑这本书来看？第一次来办公室找我的人，我会问他们类似问题："你为什么选择来这里？"请注意，这是个有关"选择"的问题。我在办公室得到的回答包括"因为我父母逼我来""我没办法面对压力""我只想要快乐"，等等。我会跟他们说："就算是父母逼你来，你应该也曾经违抗过他们的命令吧。"所以亲爱的读者，我想问你的问题是，你为什么会选中这本书？你的生活中有那么多压力，书架上（或平板电脑里）有那么多书可以看，为什么还要读这本书？

我可以猜想到，你正在从教养的思索（或思索前期）阶段迈入行动阶段。只要进入行动阶段，后面的事就好办了。这本书如何帮助你进入这个阶段？答案是通过引导，而非指示。

为了达到父母真正的目标，也就是看到孩子在人生所有层面都能获得成功，有专家的引导而非指示是比较有效的，因此《哈佛妈妈的海豚教养法》才会被设计成一本指南。我并非教养"专家"，也认为没有所谓的专家，因为每个孩子和家长都不同，但我非常了解激发人类动机的艺术与科学，我可以告诉你，让人产生动机的最佳方法就是引导。我和患者不是面对面坐在一起，而是肩并肩站在一起。有时我会给予指导，但引导是最有效的。没有人喜欢被发号施令，尤其是牵涉到私人问题，比如如何生活或养育孩子。没有人，没有任何专家甚至父母，可以强加动机到另一个人身上。动机必须发自内心。不管专家有多厉害，研究有多惊人，书本有多吸引人，如果无法激发你个人想要改变，那么全都不重要。

只有你是你人生中的专家。我会从古老智慧、最新科学研究和新兴全球趋势为你提供见解，并分享世界各地的人们、我的患者和我自己的故事。你要怎么运用这些信息全由你决定。这本书不会告诉你该怎么做，而是触发你去付诸行动，做你想做的事。

本书的编排方式依照行为改变模式四步骤设计，从困境到解决方案，再到采取行动，最后实现转变。因此，就算你十分确信虎式教养不是你要的，你想直接跳到海豚教养的内容，我还是建议你从第一章读起，效果会比较好。你可以浏览一下第二章，它阐述了虎式教养不该存在的原因。不过，如果你能系统地从困难到解决方案，进入方法论，到了本书最后你就有更好的心理准备来迎接转变。

我先从健康人生的基本原则谈起，因为要是没有健康，快乐和动机都不用谈了。接着，我探讨教养的三个层面，我深信它们是在21世纪获得成功和幸福的关键，但目前被严重低估。一、玩耍和探索的世界，二、社群和贡献的重要性，三、内在动力（发自内心）而非外在动机（来自个人以外，比如奖赏和金钱）的必要性。最后，我会讨论21世纪不可或缺的技能，以及这些技能如何成为后盾，让你的孩子迈向健康、快乐又成功的人生。

在这本书中，我也会以传统方式提供"必做"秘诀，甚至"别做"秘诀，让你有大量工具可以立即应用在生活中。我会以老虎和海豚的隐喻来说明，就像龟兔赛跑的故事，有时跳脱自我很有帮助，能让你更清楚地检视内在。老虎的隐喻已经成为许多父母会使用的词汇，我希望海豚也能受到关注。我们可以从海豚身上获得许多启示。毕竟大家都知道它们拥有高度智慧、社交习性、愉悦性格和社群意识，接下来展开我们深入的探讨。

通过挖掘我们的内在海豚，摆脱内在老虎，我希望能让全世界的家长重视结构化活动和非结构化玩耍之间的平衡，竞争和社群精神之间的平衡，以及保护和独立之间的平衡。有些父母总是从外在驱策孩子，我也希望能鼓励他们给孩子机会去发展他们强烈、健康的内在动力。只要我们驯服内在的老虎，要做到这几点其实都不难。如果你曾望向后视镜，深知与其让孩子赶着去下一个培训班，不如让他们去玩，那就继续读下去。现在调转车头还来得及。

PART 01
进退两难

"我觉得这样做好像不对，
可其他人都这么做……"

第一章

虎式教养大行其道

在执业生涯中，我常常有幸受邀介入一些孩子和他所在家庭独特的个人生活。有时候，这种邀请并非直接来自患者本人。某天早晨，我的同事让我去离家不远的一个地方跟他会合。警察已经到了。我们处理儿童与青少年案例时，和警察的合作很常见，但这一次很不寻常。他们请我评估一名叫艾伯特的十四岁男孩，因为他将一个女人锁在自家的地下室而遭警方拘留。这个女人不是别人，而是他的母亲，艾伯特将她监禁了整个周末。母亲很安全，可以吃饭，也可以上厕所。不过，她丈夫从国外打电话回家，无法联系上妻子和儿子，觉得很担心所以报了警。出乎意料的是，警察发现艾伯特在家睡觉，房子里到处都是垃圾食品和外带餐盒，电视旁边堆了一大沓游戏光盘。艾伯特情绪复杂，他试图反抗以主张权利，同时又对自己的行为心怀愧疚，他向警察坦白了为什么要把母亲锁在地下室。

"我只是需要喘一口气，压力太大了，我都快要爆炸了。她一直逼我做功课、练钢琴。一旦做完又有更多的功课和练习。我知道把她锁起来毫无意义,但如果不这么做,我恐怕会离家出走或从桥上跳下去。"

听起来很可怕,对吧?你一定会觉得艾伯特的母亲是个冷血无情的虎妈,正在摧毁她儿子的人生。不过,和任何故事一样,我们总是得听听各方说法。以下是我和艾伯特的母亲温妮进行访谈时,她对我说的话。

"早在艾伯特出生前,我就有很大的压力,想要让他未来能出人头地。他和许多孩子一样,承载了我们所有期望。在中国,如果你进不了好的小学,就进不了好的中学,也就上不了好的大学,找不到好的工作,最后人生一事无成。这种压力甚至让我在怀孕之前就要吃对食物,确保孩子大脑的发育。"

"艾伯特六个月大时,我就在为他申请幼儿园做准备。等到一岁时,我开始教他学习认识身体各部位、各种颜色,简单的算术和词汇。我把人生重心全放在了艾伯特身上。我为他安排饮食、活动、课外班,也亲自辅导他。空闲时间我会到他的学校当义工,或搜集信息让我们对他的未来能有更好的安排。我们几乎把所有积蓄都花在他的学费以及学校的赞助费上了。因为有了这些投资,艾伯特的表现也出类拔萃。"

"我们知道他压力很大,也不愿意看到他不开心或太紧绷。所以我们会给他买最新的电动玩具、游戏装备、糖果和快餐等任何他想要的东西,只要他开心就好。但我认为这些东西让他身心都变得不健康。他很不听话,如果没有得到想要的东西,就大发脾气来操纵他爸爸、爷爷、奶奶和我。他迷上了电子游戏,家庭作业和练习随便应付了事,一心只想玩。他说这是他生活中唯一可以用来放松的了。"

"对,我理解他把我锁在地下室是因为他想从作业和练琴中解放出来喘口气。但我觉得也是因为他想玩周末刚刚发布的最新电子游戏。我不知道该怎么办。他才 14 岁，现在在学校成绩还不错，但这种态度如果持续下去，未来凶多吉少。"

"他显然已经不怕我了，我们不能一直用贿赂的方式叫他做事。他失去了自己的内在动力。我很担心他的未来，没有人会喜欢艾伯特这样的人，连我都不喜欢他。我们一年前离开中国，就是想让儿子拥有不同的经历。但可能太迟了吧。我不喜欢他这个样子，更讨厌自己现在这个样子。希望你能帮帮我。"

每次跟别人讲起艾伯特和温妮的故事，大家不是心有戚戚焉地点点头，就是批判似的摇摇头。几个青少年患者跟我承认，他们也曾幻想过把父母关上一个周末！2012 年，美国一名少女因为父母老是偷偷地在大学校园跟踪她而提起诉讼，想要对父母实行限制令，最终胜诉。而这些不过是相同故事的不同版本。与此同时，不少家长幻想着能够摆脱他们的青少年孩子放松一下，哪怕是在自家的地下室！这种让艾伯特和温妮深受其害的"虎式教养"现象可能已经影响到你了。我要清清楚楚地指出一点：虎式教养并非仅限于特定族群。虎妈无处不在。蔡美儿的书的确让很多人将虎式教养和东亚家庭联系起来，但各种背景下的孩子都有可能成为虎式家长的受害者，这些父母用心良苦，专治、独裁，破坏性极大。我见过好几个这样的孩子来我的诊所寻求帮助。你可能会试图和这种具有侵略性的教养模式保持距离，或者觉得自己是不得已才这么做的，因为你被误导这是唯一能面对"竞争"的方式。

随着时间的推移，艾伯特和温妮的情况有所好转。值得庆幸的是，他们都意识到了自己是虎式教养的受害者。温妮觉得这种教养方式不对劲已经有一段时间了，但还是深陷其中，因为她觉得"其他人也都这么做"。一旦她停止向外求解，把注意力转回内心，她便知道怎么做对她的家人是正确的，也就能做出更好的决定。她用情感联结、以身作则和循循善诱来平衡以往的发号施令和紧迫盯人，帮助艾伯特踏上真正能获得健康、快乐和内在动力的人生道路。

21 世纪父母的新压力

跟温妮一样，如今的父母必须在各种教养理论百家争鸣的现实中，面对施加在他们自己和孩子身上的过度压力。有些理论从一开始就存在，有的则是在 21 世纪萌芽的。我们先从当下一些新教养法谈起，它们出现得如此突然且来势汹汹，让家长不知所措。我们都感到有压力从而给孩子施加压力，这是可以理解的。

申请入学的条件变得越来越严苛，标准化考试成绩、学业平均成绩以及课外活动的表现在过去一百年受到越来越多的重视。现在要"确保"孩子受到良好教育就必须全家投入，从幼儿园到大学入学申请的每一个环节都不可轻视。早在青年学子真正踏入家长梦想的校园之前好几年，各种时间、金钱和其他资源的投资都要先砸下去帮孩子铺路。一旦打赢入学战争，家长就要开始烦恼怎么付高额学费，抽出时间参加学校的志愿活动，并监督孩子的在校表现，希望可以顺利迈向下一步。好像只要走错一步路，譬如说上错了幼儿园，孩子的人生就注定失败。

接着还有全球化趋势，导致发达国家与中国、印度等新兴国家的青年之间的竞争与日俱增。现在我们的孩子在大学入学考试或工作面试中的竞争对手不只有邻居的小孩，还有来自北京与布宜诺斯艾利斯的孩子。这意味着我们的孩子正在与我们所知甚少的行为标准、思维过程和技能水平相互较量。我们的孩子有办法跟其他国家的典型背书高手、超级心算神童和拼字比赛冠军一较高下吗？

技术变革让机遇与挑战并存。像汽车制造业、农业，甚至健康照护产业可能很快就会由机器人主导和管理。同时，我们的孩子也在科技的环绕下长大，他们通过技术获得信息、情感联结和慰藉。随着21世纪向前推进，科技将扩展还是压缩下一代的机会？我们可以确信的是，科技会继续发展、不断演变，并深刻地改变我们。

科技让人与人之间的联系更为便捷，但跟大多数事物一样有其利弊。父母和孩子通过手机保持联系，这非常便利（除非手机被父母用来扼杀孩子的独立性）。也有研究显示，社交媒体可以帮助那些不擅长社交的孩子感受到和他人产生了联结，所以不全然是坏处。不过，我们作为家长和教育工作者，一项重要工作就是帮助孩子了解和摸索现实世界——就算只看一眼社交媒体也知道网络世界有多不真实。父母不会把自己累得要死、孩子闹脾气或双方因教养问题起争执的照片放在网络上；年轻人则不会发布自己读书或跟爸妈共进晚餐的照片。也就是说，真实的日常生活都被努力地编辑过了。我们看到的是一个虚幻的世界，我们以我们希望别人看到的样子出现（例如40%的青少年表示在脸书上看到过朋友聚会的照片）。

沉溺在他人塑造出来的理想生活中会让你变得很不快乐。密歇根州2013年的一项研究调查了"使用脸书如何影响一个人对快乐的感知以及人们如何评价个人的幸福"。研究人员在为期两周的时间里，每天发五次信息给受邀者，请他们回答问题来评估自己当下的感受，并为生活的整体满意度打分。研究人员发现，使用脸书越频繁的受邀者对于自己当下的感受以及整体生活满意度越是持负面态度。受邀者一次性待在脸书上的时间越长，下一次收到信息时感觉就越糟。人与人直接面对面的沟通就不会导致这种负面感受。我们真的想把时间都浪费在网络上，让自己变得那么悲惨吗？

接着还有媒体。24小时不间断的新闻报道和无处不在的媒体都是躲避不了的焦虑制造者。我们总是不断看到跟我们的生活毫不相关的实时新闻。拐卖儿童的新闻占据着很大新闻版面,不是因为它们发生的频率比20年前高,而是因为它们更能吸引我们的注意力,更容易获得收视率。如果一个人把自己的日常生活拿去跟电视媒体上光鲜亮丽,看上去"真实"的人生做比较,更会让有害的焦虑感渗透到生活中。在一个被新闻报道和明星名人充斥的世界里,我们要如何简单地做自己?

广告每天都在新领域扩散,运用越来越精巧的策略将触角伸向我们。一般人一天会接触到高达3000条广告信息(通过广播、电视、广告牌、网络、商店以及各种媒体的植入广告)。广告的根本目的是让我们觉得那些呈现在眼前的商品是我们所必需的。它首先引发我们的恐惧和不安,然后把商品作为解决手段提供给我们来缓解这些情绪。我们会建立起"越多越好"的心态。广告营销也推波助澜把教养这件事"专家化"了(父母从何时开始需要专家了?!)。《小小爱因斯坦》(*Baby Einstein*)的例子便是如此,在强大的营销针对父母大肆宣传之下,影片《小小爱因斯坦》成为21世纪早期父母必买产品。它号称能激发宝宝的智力发展,甚至避免神经元死亡。不过后来大家发现,《小小爱因斯坦》和其他"教育"类影片对孩子都是弊大于利。一份研究显示,观看这些影片的婴儿比不看的婴儿平均每天少学会七个单词。但这些研究结果并没有让数百万计的家长停止把大量金钱、时间和精力(这些都是有限的)耗在他们深信对孩子"最好的"产品上。我们好像不可避免地就是会被营销和专家影响,不是吗?要记住,爱因斯坦本人小时候并没有看这些影片,他也发展得很好。

家庭结构和工作形态也有巨大转变。美国约有30%的家庭由父母独自抚养他们的孩子。单亲抚养、共同抚养和没有其他亲人协助抚养的状况变得越来越常见,但我们的社会结构尚未同步转型到可以支持这些家庭。工作形态也有很大的变化：生活脱离不了职场，北美有一半的人口定期把工作带回家做。身为家长，我们经常忙于自己的日常工作事项，只想把孩子送出门才能准时赶上会议。现在史无前例的已经有50%的世界人口居住在城市，住宅面积普遍较小，没有什么开放空间。都市化带来了恐惧，邻居彼此不认识，孩子少了探索的自由。因为缺乏社会联系，偏执行为在城市里更为常见。而我们对这一切似乎无能为力，不是吗？

还有亲子之间的世代鸿沟。你的孩子是不是比你更擅长使用科技？如果这样的话，你还有办法成为他们人生中的权威吗？根据定义，代沟由亲子之间的"快速文化变迁"所造成。人类历史上没有哪一个时代像现在这样，因为日新月异的科技和紧密联结的世界而经历如此巨大的文化变迁。如果推特是一个国家，那么它会是全球数一数二的大国。许多家长会在这里迷失，参透不了这个国家的习俗和语言。大部分孩子甚至比我们还会用我们自己的智能手机。以往的代沟存在于音乐喜好、流行趋势或政治倾向，那些日子已经一去不返了。我们可能是有史以来最落伍的一群父母，我们几乎无法维持父母的权威，不是吗？

21世纪最艰巨的挑战之一可能是为我们自己和子女提供经济保障。在过去，我们为子女铺的路很明确。你尽力为孩子提供最好的教育，让他们未来找到好工作，能够自给自足、成家立业。但现在，因为上述种种因素，这样的结果已经不是必然。前白宫经济顾问委员会（White House Council of Economic Advisers）首席经济学家迈克尔·格林斯通（Michael Greenstone）曾说："现在的孩子赚的不如父母多，我认为我们正在种下让此趋势持续发展的种子。"即使我们重视高等教育可能也起不了太大作用。现在的年轻人被称为"回巢族"（Generation Boomerang），由于就业前景黯淡，受教育时间加长，很多人在快三十岁时还得靠父母养活。那些没有大学学位的人发现找一份好工作越来越难了。现在，问题的关键是要具备对的技能以适应千变万化的未来职场。但是，在没有人知道五年后会有什么样的工作存在的情况下，你又如何能够帮助孩子掌握适合她在20年后找工作时需要的技能呢？这些不确定性让人坐立难安，使我们茫然无措，也促使我们对生活中的一些基本事实产生怀疑。即使是最用心良苦的父母也会感到困惑和害怕。

由于以上这些原因，许多21世纪的父母都处于恐惧状态。我们无法意识到真正的选择，被恐惧牵着鼻子走。回想一下你最近做出的五个违反直觉的教养抉择。我敢说这些决定几乎都是出自恐惧。

我认识的许多父母都受到马尔科姆·格拉德威尔（Malcolm Gladwell）撰写的《异类》（Outliers）的影响，这本书也是我最喜欢的著作之一。我已经不知道多少次听到"一万个小时"练习法则被用来解释过度安排和超量工作的老虎行为，他们希望借此创造出"异类"。但这是被误导的想法，因为格拉德威尔所讨论的一万个小时练习法是发生在现实中在激情和好奇心驱使下的学习，而非强迫和威胁下参与的结构化活动。披头士乐队的一万个小时并不是去上人家安排好的音乐课，而是通过自由表演、演唱会和探索新的创作灵感来达成；比尔·盖茨也不是通过私人家教帮他上程序设计课来达到一万个小时的，而是靠自己在计算机世界里自由摸索。而且，一万个小时练习只是复杂异类方程式的一部分，这个方程式还包括时间段和出生年份等其他因素。很多孩子在一项活动上练习了一万个小时以上，还是没能"成功"。举个例子，想想有多少运动员达到了一万个小时，但只有极少数可以出人头地。

认清老虎斑纹

虎式教养并不只发生在一些对教育子女持有极端观点的家庭中。这种教养模式包含过度压迫、拉扯、命令、指挥、安排和监督，现在很多父母都是这样做的！想想看，你认识的父母中，有几个不是围绕在孩子身边，过度保护孩子，或者过多地替孩子解决问题？有多少父母认为孩子不需要四处奔波参加活动和上补习班？你认识的哪个孩子是不忙的吗？

光看有多少隐喻（除了"老虎"）被用来形容这种盛行的侵略性教养方式就知道它有问题。"直升机"父母总是在孩子的上空盘旋，随时等着俯冲而下代替孩子解决各种问题；"割草机"或"铲雪机"父母永远抢先一步替孩子排除万难、扫清道路；"泡泡纸"父母觉得自己的角色就是要保护孩子，避免让他们出现一丁点失望情绪。一位母亲告诉我，她帮儿子买了两套一模一样的教科书，这样儿子就不必把书背回家了。如果这孩子从小到大都被保护成这样，一辈子都不曾背过自己的书，他又该如何独自面对大学生活呢？

三种主要的教养模式分别为独裁型（authoritarian）、纵容型（permissive）和权威型（authoritative）。很多人不知道的是，蔡美儿式的虎妈以及割草机父母、铲雪机父母、直升机父母和泡泡纸父母全都是独裁型父母。不管是过度命令还是过度保护，都算是教养不足。许多家长遵循一套混合命令和保护的教养法，但仍属于独裁型，因为他们剥夺了孩子掌控自己人生的权利。

独裁型父母相信他们知道"什么对孩子最好"。他们设定规则并下达命令，孩子们没得选也不准吵。中国"狼爸"萧百佑就是过度干涉型父母的典型代表。《所以，北大兄妹》这本书在中国上架后，作者萧百佑一夜爆红。他自称是家里的"皇帝",他在书中写道:"我有一千多条规定:明确详细地规范如何拿碗筷,如何夹菜,如何捧杯,如何睡觉,如何盖棉被……如果你不遵守这些规定,我就必须揍你……我把三个子女打进了北大。"听起来很极端,事实也是如此,但那些相信自己可以为"成功"开处方而霸凌、贿赂或洗脑孩子,逼他们走上自己预先安排好的道路的父母,基本上也跟狼爸无异。

过度保护子女的独裁型父母也一样控制欲很强,有关孩子的每个细节他们都要管。这种密不透风的管控从婴儿时期开始,父母时时在旁监控,确保孩子不会伤到自己,等到孩子大一点便开始管他们的功课、社交生活,到最后连找什么工作都要干预。千万别误会我的意思,过度保护的父母绝对是一心一意对子女付出爱的。然而,过多干涉孩子的生活会让他们没有办法从错误中学习和成长,这是一项很重要的核心技能。过多干涉也会使孩子无法发展出内在动力,难以变得独立自主。

现在许多用心良苦的父母采取了混合命令和保护的独裁型教养法。你可能也一样。

教养的另一极端是纵容型父母,他们跟独裁型父母一样失衡,只是方式不同。我称这一类的父母为"水母父母",因为他们没有脊椎,通常会避免冲突,也没有明确的规则。一些纵容型父母在该管教孩子时会"睁一只眼,闭一只眼",哪怕有的纵容可能会引发伤害性行为,只因为他们希望当孩子的"朋友"。水母父母在尊重权威、社交礼节或个人价值观等方面没有明确自己的期望。他们也比较容易成为那种敞开大门迎接无拘无束的青少年聚会的父母,有些人甚至还会为孩子提供酒精饮料。水母父母的孩子常表现出不负责任、冲动行事、缺乏人际关系技巧,也比较不尊重权威(包括老师、警察和教练)。他们经常在学校和职场表现不佳,比较可能从事风险较高的行为,像是吸毒、酗酒,或是有几年的时间（甚至更久）"误入歧途"。水母父母的孩子经常漫无目的地四处漂浮，没有方向。总的来说，与他们的同龄人相比，纵容型父母的子女（不管是儿童还是成人）可能会表现出缺乏自我控制、低自尊、低自信和能力不足。

虽然所谓的"亲密育儿法"（attachment parenting）在理论上并不属于纵容型，但它很有可能被误解而直接导致水母式的教养。我完全认同亲密育儿法的基本原则，以及亲子之间建立强大情感联结的必要性。然而，亲密育儿法有其明显的局限性和缺陷。为了将孩子培养成一个有安全感和同理心的成年人，父母必须随时随地付出情感，迅速回应孩子的需求。许多相信这一套教养法的人表示，它对父母（尤其是母亲）来说是大量"工作"，还可能产生过度内疚并感到精疲力竭。从我的经验来看，严格遵从亲密育儿法的家长会因为太过害怕伤害亲子关系而变成最软巴巴的水母父母。另一个不幸的结果是，共同抚养的父母因为无法在管理负面情绪和纪律方面达成共识而带来巨大摩擦。真实世界并不会如此实时回应人的情绪需求，这些孩子可能会变得骄纵、自以为是或"脸皮薄"。最糟的是，这些父母自己本身都喜怒无常。如果让他们尽最大努力随时对孩子做出回应，他们可能会感到不知所措或被低估，从而导致他们的行为不一致或不可预测。

许多现代的纵容型和独裁型父母（除了狼爸之外，希望他们为数不多）都有一个共同点：过度放纵孩子。不管我们拥有什么样的社会经济地位，都希望能给孩子"最好的"。可悲的是，"最好"这个词往往意味着"更多"，而"更多"往往意味着"过度放纵"，换一个词叫"被宠坏"。我们可能会不经意地翻个白眼或笑着说："我家的孩子实在是被宠坏了。"但宠坏孩子（spoiling children）是很糟糕的一件事。剧情被透露的电影（spoil a movie）没有看的意义；坏掉的牛奶（spoiled milk）不但喝不得，还可能有毒。宠坏不是给予太多，而是必要的东西给得太少。换句话说，溺爱是对孩子的一种忽略。

宠坏孩子是一种教养不足。"从小被过度放纵的孩子在成长过程中更有可能缺乏需要承担责任的日常生活技能。他们也比较可能缺乏重要的社交技巧，发展出自大性格，搞不清楚人际界线，需要不断的刺激和娱乐。被过度放纵的孩子缺乏独立、自立和解决问题的能力。暴饮暴食、过度消费和功能失调的思维（如抑郁想法增加）在这一类型的儿童当中越来越常见。"这些孩子长大成人后，对我说："要是爸妈以前多对我说几次'不'就好了。"或"要是爸妈没让我这么不成熟就好了"。被过度放纵的孩子长大后可能会分不清"需要"和"想要"之间的区别。

我们正在面临人类历史上第一次，高经济地位成为青少年抑郁、焦虑和药物成瘾的危险因子。我曾亲眼见识特权带来的效应。我认为这是因为享有特权的孩子通常活在"泡泡"里，无法适应真实世界。高收入父母可能有非常忙碌的工作、社交生活，或两者兼具。他们因为没有时间、精力和耐心陪伴孩子而感到内疚，这可能会导致他们过度补偿，安排永无止境的活动，雇用各种帮手，或者成为经常屈从于孩子要求的纵容型父母。此外，享有特权的孩子可能会觉得人生不需要努力，毕竟他们想要的东西不费吹灰之力就可以获得。事实上，富裕已经渐渐变得像是一种疾病。这种疾病的症状有时被称为"富贵病"，它被定义为"因为拼命追求更多而导致负担过重、负债累累、焦虑不安和虚度浪费的痛苦等社会传染病况。"特权会带来这些负面影响可能有些令人意外，但和我的临床经验不谋而合。

除此之外，有些父母会产生"地位焦虑"（status anxiety），这个术语由英国哲学家阿兰·德波顿（Alain de Botton）提出，意指"专注于他人如何看待自己而产生的焦虑"。在意别人怎么看待我们是很自然的事，事实上，如果没有人在意他人的想法，文明本身的基石（礼节、同情心、伦理、友谊）将会崩塌。但是过度在意他人的眼光，则是缺乏安全感的表现。"地位焦虑"让我们更关注"你看起来什么样"，而不是"你内心是谁"，而父母试图塑造这种外在形象与身份认同，就可能成为独裁而又纵容的虎式父母。

纵容型父母在孩子尚未准备好，也没有获得引导之前就交出了控制权。独裁的虎爸虎妈们则是从孩子身上夺走了控制权。"控制点"（locus of control）是一个心理学术语，用来描述一个人认为人生的控制重心在哪里。一个人的控制点可以是内在的、外在的，或介于两者之间。每一种虎式父母的孩子在成长过程中都会面对太多外在控制，因此相信他们的控制点在他们自己之外。这些孩子会变得过度依赖外在环境和奖励。也就是说，他们在成长过程中缺乏内在控制和自我激励。没有父母打算剥夺孩子的内在控制力，而这种控制力可以说是孩子终身幸福和成功的关键所在。遗憾的是，这正是我们许多人在做的事。

虎崽：缺乏内在控制与平衡

没有了内在控制，内在动力也不会存在。因此，像艾伯特这样的小老虎（在前面介绍过的例子）就会变得越来越依赖外部奖励来保持"动机"，因为他们缺乏内在控制。此外，平衡的生活为自我激励提供了基础，以此继续面对新的挑战，这也是取得持久成功的关键之处。如果一个人的生活缺乏基本的平衡（例如缺乏睡眠、运动或社交联系），那么他首先需要重新建立平衡，之后才能迎接新挑战。艾伯特的案例很极端，但把妈妈锁在地下室是他重建休息、睡眠和玩乐平衡的方式。

十年前，如果干我这一行的人看到一个孩子被高级音乐学院录取，或是接受教练的单独特训，这代表他具有过人天赋，往往意味着他的家庭是快乐而平衡的。我们会替他感到开心，并与他的家人一起努力，帮他寻找更多对发展和成长有利的机会。现在情况完全不同了，当我们看到这样的孩子，我们会怀疑他是否被强行安排了太多行程，在压迫之下被过度保护，忙到焦头烂额。强迫孩子过早地有所成就（似乎越来越早），会使他们面临更大的风险，如过度疲劳、家庭压力、失眠、焦虑、抑郁、饮食失调和滥用药物。如今，在我的专业领域，表现优异常常被视为潜在问题的"危险信号"。

我来介绍一下莎拉的案例。其实你已经认识莎拉了，事实上，你可能认识很多个莎拉，或者你希望自己的孩子能够跟莎拉一样，至少表面上是这样。在外人眼里，莎拉符合每个父母梦寐以求的孩子的形象，她已经步入了"成功"的轨道。她的学业成绩"高人一等"，她聪明过人又勤奋好学，她还有着让一般父母赞赏不已的其他成就：她在校内竞争激烈的游泳队占有一席之地，还参加了西班牙语大学预修班。她对自己的目标充满"动力"，决心要上顶尖大学。在上课、作业、游泳训练和辅导课之间，莎拉每天只睡 5 到 6 个小时。她的成绩几乎没有低于 A−，但情况却在突然间急转直下。就在这时，我遇到了莎拉，当我了解了她的内心世界，我才知道她并没有走在通往"成功"的道路上。

莎拉的父母不是明显的泡泡纸、割草机或直升机家长，他们对孩子充满爱和关心，希望莎拉可以追寻自己而非父母的梦想。他们尽了自己最大的努力为莎拉铺路，让她迎接光明璀璨的未来。对莎拉的母亲琳恩而言，这意味着萨拉要发挥体育方面的天赋，而非像自己小时候一样被迫上传统的钢琴课和数学课（她深恶痛绝）。莎拉六岁时，已经在密集参加各式各样的体育训练。莎拉的父亲罗伯特则专注于为女儿提供未来能够在事业上取得成功的教育机会。罗伯特的父母都是小镇上的工人，长大后他白手起家闯出了一片天地。不过，他认为自己如果能接受更好的教育，就像萨拉在学校接受的那样，一定会更有成就。对莎拉的父母来说，给女儿提供种种机会是爱的表现，看到女儿在这么多活动中出类拔萃，也让他们对自己和女儿很有成就感。

照莎拉本人的说法"人生只为成功而活"，她也显然正在一一完成目标，可是为什么会开始出现失眠和恐慌的症状，并深受注意力不集中之苦？她为什么会开始服用朋友的"聪明药"（一种用来治疗多动症的中枢神经兴奋剂）来帮助她熬夜读书时提神，并撑过早上的游泳训练？

你不用成为医生也知道莎拉的睡眠不足、疲劳、注意力不集中、用药和恐慌症会导致严重问题，她的健康状况亮起了红灯。她自己也很清楚，但她的高压生活不允许她休息、睡觉或得到真正的帮助。求助需要耗费时间，她觉得自己没空和学校以及体育场谈谈。她如果想实现"自我潜能"，就不容许有一丁点失误，她是这么想的。

莎拉在失去了一场游泳比赛的晋级资格后，冲动之下吞了过量的聪明药和奥施康定（OxyContin，一种容易上瘾的强效止痛药，她因为苛刻的体能训练导致肩膀受伤而服用此药以"熬过去"），因此变成了我的患者。

在第一疗程中，莎拉在父母的陪同下和我说的话一直留在我的脑海中。我认为它提供了一个重要的机会，让我们得以一窥虎崽的内心。我问莎拉，为什么她"不管怎么样"都想进入这所大学。

"因为，"她回答，"上不了这所大学，我的人生就没意义了。"

莎拉深信外在环境（例如她要上的大学）决定她的人生意义和自我本质。她的父母显得十分惊愕，好一阵子说不出话。然后她的母亲说："莎拉，亲爱的，我们从来都没有强迫你做任何事，是你自己决定要把心力放在这些事情上，这是你想要追求的。"

"我知道你们从来没说过,"她回答,"但你们所做的每一件事,特别是让你们开心的事,都跟我怎么去获得成功有关。你们会感到骄傲,觉得自己是称职的父母,还可以跟朋友炫耀。不过你们这样也没关系,这没什么错。我不想当个不知感恩的孩子,只是从小到大我的人生一直都被'更上一层楼'控制住了。"

莎拉继续说,在很小的时候她就清楚地认识到一个凌驾于一切之上的信息,那就是她必须不断鞭策自己发挥出最好的水平。莎拉年仅十六岁,却已经筋疲力尽。

她说完后,整个房间陷入一片静默。这时候还能说什么呢?她的话一字不假。她没有谴责父母,她也不是失能家庭的产物。没有早期童年创伤、缺乏爱、基因倾向(genetic predisposition)或任何传统上造成焦虑和滥用药物的危险因素。但是这个少女因为想要达到某种程度的表现而背负了沉重的压力,这种压力并没有帮助她做好面对目标的心理准备。她越努力,感觉就越糟。莎拉是一个年轻、聪明、能干、健康的女孩,虽然她的父母尽全力让她在信任和爱中长大,但她似乎只注意到了一点:只有出类拔萃,人生才有意义。

莎拉是众多类似案例中的一个。她花了两年的时间接受密集的个人治疗与家庭治疗,加上偶尔针对抑郁和焦虑的药物治疗,才完全改变了生活方式。现在莎拉专注于在身心灵和社交生活之间找到平衡,以维持稳定状态,建立起新的自信。这样的平衡能帮助她适应大学高度竞争的环境,更重要的是,在21世纪的世界里得以工作、玩乐和养育自己的下一代。

失衡的教养

人类有聚集、保护和竞争（特别是为了我们的子女）的生理驱动力或直觉。这种驱动力对我们的生存至关重要，缺乏这种驱动力的父母不会是称职的父母。如果你没有养育、保护子女或想尽办法帮助他们实现自我（就像莎拉的父母）的驱动力，那么你可能没有尽到自己的责任。不过，所有直觉都有局限性，就算是最健全的也不例外。吃饭、睡觉和性爱都是本能行为，但过犹不及，无论过度追求哪个方面都会带来问题。教养也是根植于本能，失衡的教养直觉会引发几种老虎行为。

- **过度聚集**　有些人会在家里堆满杂物，让空间寸步难行；有些人则是在生活里塞满行程，让人生忙乱不堪。这种把行程排得满满当当的聚集行为是父母面临的严重问题。我们的孩子太忙碌了！看看他们满满的每周安排，从篮球训练到象棋比赛再到辩论赛，任谁都招架不住。孩子花了太多时间在各种安排好的活动和课程上。我们不难理解为什么家长想尽量让孩子占据"优势"。然而，别忘了人类天生需要休息、放松、睡觉、慢慢吃饭，以及对周遭世界感到好奇而探索和学习。剥夺孩子满足这些需求的能力，等于否定他们的生存基本原则，会严重影响他们的动机。所有父母都知道睡眠被剥夺是什么感觉。想想看，没有充分休息的人怎么可能有"动力"？许多家长告诉我，他们让孩子忙得不可开交是因为不这么做的话，孩子会感到无聊或焦虑。这些父母导致子女一生都需要靠忙碌来排解无聊和焦虑，但无聊和焦虑也是人生正常的一部分。能够发展业余爱好、进行体育运动是很好的事，但忙到没时间享受生活那就实在太糟糕了。

- **过度保护** 为了保护孩子，要父母冲进火场、与灰熊对视、潜入冰冷的河水他们都愿意。然而，很多人却没有勇气让自己的孩子去冒险。他们过度保护孩子，不愿让孩子经历人生的起起伏伏，一味为他们抵挡困难、错误与失败。没错，这个世界有时候既不公又危险，可是我们忘记了一点，让孩子面对逆境、错误与现实，正是他们获得生存技能的方法，如此他们才能在往后的人生中保护自己不受伤害。被过度保护的孩子无法发展出韧性或内在动力，以解决真实的人生问题，当然也无法获得真正的成功。

- **过度竞争** 胜利的滋味无限美好，看到自己的孩子比别人优秀当然过瘾。目睹女儿跟其他选手一起冲向终点线，或是儿子全神贯注思考下一步棋，都可能让你激动到无法自已。但逼迫孩子不计代价都要赢，或是把整个人生看作一场竞赛，这对任何人都没有好处。我们很容易忘记人类是十足的社会动物，不能什么都要"争第一"。我们也是群体平等的一分子，在互助相让的关系中以有意义的方式彼此联结和付出。我们渴望社会联系、社群、归属感和贡献，这种渴望不亚于我们对成功的渴望。高竞争性的虎爸虎妈和他们的子女经常过着孤单又失衡的生活。老虎天生不是社交动物，而是独来独往的掠食者，可以在很少或没有社群联系的情况下捕杀猎物。在大自然中的老虎可以独来独往，但对人类来说，一个凡事都要得第一的独行侠，很难拥有成功又能实现自我的人生。

当然了，聚集、保护和竞争在某种程度上都是必要的行为，这里的关键词是"程度"。这些行为本身并不会造成伤害，但做过头的话就会。为什么老虎父母会把自然的行为做到如此不健康的极端程度？答案是恐惧。

人一旦感受到威胁，直觉上就会通过战斗、僵立或逃跑来回应。当老虎父母过度聚集、过度保护和过度竞争时，他们会做出现代教养版的恐惧反应。过度竞争显然是"战斗"直觉；过度保护子女等同于"僵立"，因为把孩子保护得滴水不漏，为他们清除障碍，不准他们根据自己的判断行事，就是生怕他们犯错；过度聚集行程则让我们忙得焦头烂额、心烦意乱。我们借由这种方式"逃离"21世纪的教养压力，不去正视问题。

许多21世纪的父母一直开启着恐惧模式，只依赖战斗、僵立或逃跑，把其他直觉抛诸脑后。我们没有意识到真正的选择，只是被恐惧牵着鼻子走。回想一下你最近做出的五个违反直觉的教养抉择，有多少个是出于恐惧？

失衡所带来的影响

快速"消除"恐惧的方法就是控制。父母最容易控制的东西就是孩子的表现，于是我们把全部注意力都放在这件事上。我们急切地想看到孩子的优异表现；他们越早有优异的表现，我们的感觉越良好，就像戒不掉的瘾。

我曾在波士顿麻省总医院的成瘾精神科做研究。在那之后，我对行为背后的驱动力、动机和回报以及成瘾的原因有了深层的了解。在医学上，我们认定成瘾的方式是观察有没有负面结果、失控行为和渴求症状。我在十余年的工作中直接接触到了成瘾的年轻人和他们的家长，发现自己和其他父母也有类似成瘾行为。

和所有成瘾症一样，父母克制不住自己对子女的掌控欲，原因很清楚：自古以来的教养压力和前所未有的 21 世纪压力加在一起，雪上加霜所形成的恐惧。和所有成瘾症一样，想要控制子女的欲望在一开始是很吸引人的。我们就承认吧，拥有一个"完美"的孩子感觉真的很棒。不过，我们大部分的人和其他成瘾者一样，寻求控制是因为这么做能减轻不舒服的感受，像是恐惧。虽然控制能暂时减缓恐惧，让我们感觉良好一阵子，但就跟所有成瘾症一样，终究会把我们吞噬。这种恐惧和控制交替的循环会绑住我们的直觉、逻辑、情绪和常识，把我们许多人心中的老虎唤醒，你我都一样。很多父母断断续续出现这种成瘾症（例如我还是新手妈妈的前几年），有些人已经复原（真是松一口气！），但有可能故态复萌（我的孩子还没进入青春期……），还有很多人则是深陷其中难以自拔。

我见过孩子和家长在这种自己强加的压力中痛苦不已，深受焦虑、失眠、成瘾物质使用和抑郁所苦。我见过年轻人在他们体能的巅峰时期受尽折磨，因为他们醒着的每一刻都在学习或训练。我也见过年轻的身躯因运动过度而受伤。我曾有一名患者的腿部发生了疲劳性骨折，因为她的父母认为在田径场上忍痛练习能向高中教练证明她有"成功条件"。另一名患者的父母则在他历经两次脑震荡后仍坚持让他继续打曲棍球，因为他只差一点点就可以被选入更高级别的球队。

我见过年轻人因为花太多时间在父母安排的辅导、读书和练习上，不得不忍受社交孤立。我见过其他案例是花了大量时间参加高度结构化的社交活动（摆在履历上很好看！），但没有跟人有真正的交流。曾经有一个 17 岁的患者，他的人生被"领导力"活动填满，但他一个知心好友也没有。有些我协助的孩子在家里从没跟家人好好坐下来吃过一顿晚饭，因为大家都太忙了，累到不想跟彼此说话或无法相处。有些我治疗过的患者，已经达成了一心向往的目标，像是考上舞蹈学院、进入运动队或被理想的大学录取,但他们却快乐不起来。他们告诉我,他们觉得自己只是在随着生活起起伏伏,而不是真正在生活。如果这样还不算是负面结果,那我不知道什么才是了。

我也和这些孩子的家长会过面。他们几乎所有人都否认自己正在以任何方法、样貌或形式控制子女。这种反应并不令人意外,否定是教养的正常现实(成瘾也是)。事实上,否定是教养的必要条件,不是吗?如果每个人在教养子女(更别说是怀孕生产)时都很清楚后果,他们还会继续这么做吗?

跟成瘾者一样,有些父母承认他们有时候会失控。一名家长告诉我,她对自己发誓绝对不在女儿16岁生日那天提起课业成绩、长笛练习、努力学习等任何与表现有关的话题,但她就是忍不住。有人说,没有什么时候可以歇口气,不管是圣诞节、犹太光明节、印度排灯节,还是中国新年,父母就是无法控制自己对子女的练习、功课或针对某种表现的"规划"有所期待。

其他父母则向我承认,不管孩子表现多好,他们还是无可抗拒(而且通常非理性)地要求孩子还要更好,这一点很类似不断索求的成瘾者。如果女儿拿到顶尖的考试成绩,母亲会解释成她需要上更高级的课程;如果儿子踢球踢得好,父亲会解释成需要请一名私人教练来让儿子的球技更加精湛;如果老师称赞女儿在戏剧方面有天分,父母会解释成他们应该把她的表演视频寄给演艺经纪公司;如果儿子被选中代表毕业生致辞,在他连演讲稿都还没开始写之前,父母就已经摩拳擦掌准备让他一鸣惊人。

就跟戒瘾一样,父母在孩子不读书、不练习、不表现或不规划人生时,有时候会感到焦虑不安。他们会出现一种想把孩子拉回来的渴望,就像过度旺盛的食欲,这种空虚只有在孩子做了我们认为可以提升他们表现的事才能被填满。

问题在于，跟成瘾症一样，这些行为会让我们以及孩子走上不健康乃至毁灭的道路。我们无法帮孩子把未来的一切都规划好，也不可能控制他们做的每一件事。相反，我们在理智上要清楚，教养是一个随着时间流逝必须松开束缚的过程，除了读书、练习和操演之外，更重要的是帮孩子做好面对真实世界的准备。在那个世界里，他们可能会犯几个错或不时跌跌撞撞，但也会学到怎么解决问题，然后重新站起来。

懂得和做到是两码事。教养可以说是在"保护"和"放手"两种欲望之间拉扯，父母做出每个决定时又想在其中找到对的平衡。引导我们的是我们对孩子的爱，以及我们打心底"希望孩子得到最好的"那种坚持。我认为老虎父母常在为对的理由做错的事情：他们爱孩子，希望孩子能有最好的发展。如此巨大的讽刺在我的诊所屡见不鲜：想让孩子赢在起跑线上的父母变成了在扯孩子的后腿；想给孩子更多的家长结果给得不足。虎式教养想要保证"最佳"效果，但终究可能只会遗憾地导致最糟后果。

第二章

虎爸虎妈会养出什么样的孩子？

在医院的急诊室，什么事都有可能发生。有一天晚上，我正在指导医学系实习生汤姆，一位男士在妻子的陪同下来到诊所，他出现了幻觉，正处在困惑的状态。我让汤姆调出病历，考量各种可能的病因，并在 45 分钟内向我汇报。90 分钟后，汤姆还不见人影，我只好搁下手边的工作去找他。然后我撞见了一个令人不安的场景：汤姆站在患者床边，那位男士正在啜泣，脸涨得很红，看起来非常不舒服。我赶紧走过去让汤姆将访谈做一个结尾，这个过程中我发现患者因为癌症治疗在忍受着痛苦煎熬，他还问了其他医生能不能起来走走。我把汤姆带到旁边，问他有没有注意到患者的不适。

"这个嘛，"他说，"我还在填他的抑郁量表，不调查清楚填完表格我不想结束访谈。"

汤姆对患者缺乏同理心的态度让我忧心忡忡。完成工作之后，我找他坐下来，想要开导他一番。我问他今晚跟着我实习有什么心得或问题。汤姆对刚才那位患者的事只字未提,反倒开始急切地问我转正考试会考什么。其实那天晚上我们还看到了其他几个很特别的案例,有个病人得了额叶脑瘤,一个病人患有大麻引起的精神病,还有一个病人患有纵欲无度的"性瘾"(sex addict),但这些案例似乎都激不起他的好奇心。事实上,我的结论是汤姆并没有好奇心,也不太有同理心、创造力、问题解决能力或沟通能力!我问了几个同事对他的印象,才发现其他人也有同感。虽然很多人都曾试着教导汤姆该用什么样的态度对待患者,但病人和主管都抱怨连连,汤姆的实习成绩岌岌可危。有些同事怎么都想不通,汤姆以名列前茅的成绩考上了医学院,还是个厉害的小提琴手,这些事实显示出他是个认真、自律且拥有高智商的人。这样的落差让其他人很吃惊,但我却一点也不意外。

在十多年的教学生涯中,我看到汤姆这种类型的学生在医学院学生中的比例越来越高。这些年轻人被称为"酥脆族"(crisp),他们累到焦头烂额,内在动力已经烧焦到酥脆的程度;还有"茶杯族"(teacup),这些被"泡泡纸"包覆的学生极为脆弱,一旦遇上人生第一个挫折就会应声破碎。酥脆族和茶杯族习惯性规避风险,他们精疲力竭、备感压力、僵化死板,这跟刚刚开启追求知识旅程的年轻人应该有的样子完全相反。许多学业平均成绩、考试成绩和在特定课外活动中表现高人一等的孩子,却缺乏社交技巧、同理心,缺乏与人合作以及创造性解决问题的能力。这个族群的普遍行为包括把患者叫醒或打断家属会面,因为这样他们才能把自己的流程走完。他们无法随机应变、面对现实压力和解决突发问题。在我讲完课之后,学生告诉我:"现在很多年轻人根本不关心概念,我们只想知道考试会考什么。"有一次我在讲解激励技巧的时候,学生问我:"我们为什么要学激励技巧?我们是医生,难道病人不该乖乖听我们的话吗?"(对,最好是如此,那我们只要说"减肥""别再

抽烟了"或"多运动"就够了）

汤姆显然是个聪明的年轻人，但他在现实世界中无法应付突发状况并进行团队合作。汤姆最后因表现不佳以及由此导致的信心不足离开了医学院。你可以想象到，离开医学院会是他人生中一段难熬的时光。我很希望他能健康、快乐又成功，但在他适应能力不足的情况下，我还是相当担心他。

生理和心理：生活失衡的可靠迹象

每次见到像汤姆这样的孩子和年轻人，我总是很震惊他们的人生有多失衡。人体是很奇妙的，我们每个人都有一套复杂且几乎万无一失的警报系统，通过生理迹象告诉我们：生活失衡了。一旦忽视这些警报，灾难就会来临。在该进食的时候，身体会让我们感到饥饿；该睡觉的时候，身体会让我们感到疲惫。如果把这些提醒我们要顺应生存之道的信号抛在脑后，我们会得到警告，身体会感到不舒服。举例来说，我们如果没好好吃饭，会变得血糖过低、暴躁易怒和健康欠佳；如果没睡好，则会精神不集中。要是继续忽视或不管这些警告，我们备感压力的身体会失调，导致患病风险提高，像是抑郁、焦虑、成瘾和糖尿病。我们的身体会通过这些提醒、信号、警报和失调来告诉我们，我们的身心失去了平衡。然而，很多人不一定会去倾听，包括我自己也是，直到跌倒受伤。

我天生患有关节过度活动症（hypermobility），这意味着我的关节比较松弛。筋骨柔软是很好，但身体也需要力量，而我极度缺乏。只要进行一些早期治疗并加强肌肉训练，情况会大不相同，但父母和我都没有意识到这一点。更糟的是，青春期荷尔蒙让我的关节更加脆弱，单是膝盖脱臼的次数就高达 6 次，其中一次还是平常走路时发生的。由于身体无法平衡，我在 30 岁时骑自行车不小心跌倒，跌断了左胳膊肘、肩膀和肋骨。我打了骨钉，做了两次手术，留下了断裂的旋转肌袖（rotator cuff）、滑囊炎（bursitis）和慢性疼痛等后遗症。

之后十年我原本应该定期运动并接受物理治疗，但我没有去做，使得膝盖和左肩疼痛每天侵蚀我的人生。为了减缓症状，我吃消炎药来自我治疗。结果长期久坐、运动不足和过去的问题全部加在一起，造成了严重的慢性疼痛症候群，彻底把我击垮了。我的右腿因为使用不足而萎缩，并引发臀部循环不畅，致使我只能使用左下半身。同时我的左肩部位进一步弱化，将上背和脖子往右拉。我完全失衡了，在疼痛问题得到控制之前，我的人生在各个方面都寸步难行（字面意思和比喻意义上皆是如此）。我花了多年时间进行类固醇注射、物理治疗、针灸和运动医学的密集治疗，才让身体得以正常运作。康复之后，我对人生完全改观。我过去因为慢性疼痛和身体不便深受绝望打击，现在更加关注健康，以及过平衡的生活。人体的各个部位既独立运作又密切联系，它们需要互相达成平衡，无论核心部位还是附属部位，无论力量还是柔韧性。这些要素在儿童和青少年体能发展的黄金时期就应调整至最佳状态。

人类的心理也需要整合、平衡，以便拥有强健的核心、力量和柔韧性。身体成长最快的时期为儿童和青少年阶段，大脑也是。事实上，人脑真正进入"青春期"，女性大约要到 23 岁，男性 25 岁（没错，男性的确成熟得晚）。年轻的大脑比年老的大脑需要更多睡眠和玩乐时间。和身体一样，年幼时心理上根深蒂固的习惯比成年之后养成的更难矫正。

我来说一下泰勒的故事，他失衡的生活如何影响了心理健康。泰勒

第二章 | 虎爸虎妈会养出什么样的孩子？

小的时候就是个焦虑的孩子。这种倾向可能遗传自他母亲，她总是太过在乎"如果这样会怎样"以及"其他人会怎么想"。她总是围着泰勒转，不让他离开视线范围，确保他"守规矩"且远离危险。泰勒的父母逼着他打高尔夫球，因为这是一项安全的运动，他从小也展现出过人天赋，等申请大学时会加分不少。泰勒虽然不怎么喜欢打高尔夫球，但也顺从了父母的意思，因为他觉得自己别无选择，也不想让父母失望。泰勒的父母不知道他并不快乐。这一家人很少对外显露不愉快，爸妈都习惯摆出"完美"的模样。对于泰勒的问题，大部分情况下他们要么绝口不提，要么快速帮他解决。这种教养方式在泰勒小时候还行得通，但当他进入青春期后，他的过度谨慎、缺乏问题解决技巧以及把情绪闷在心里的习惯开始产生负面影响：面对生活中各种纷繁的活动他感到恐慌，像是写作考试、打高水平高尔夫球赛、认识新朋友和公开场合发言。每次他觉得恐慌，就会失去更多自信，变得更加焦虑，特别是在社交场合。泰勒从未告诉过别人这件事，他开始喜欢躲起来，因为这样比较有安全感，并借由打游戏和抽大麻来发泄。

泰勒15岁时，在一场重要的高尔夫球锦标赛中怯场了。他的教练气得失去冷静，在众人面前斥责他。泰勒觉得自己无法面对这种状况，干脆从此放弃打高尔夫球。只是想到要见教练或开车经过高尔夫球场，都能让他惊慌失措。他认为自己让父母失望透顶，他们牺牲了那么多，殷切期盼他在高尔夫球上有所成就，但他不知道还能做些什么。

泰勒的恐慌、焦虑和孤立感越来越严重，他也越来越依赖大麻来解闷。这一切都影响了他的内在动力、专注力和记忆力。毫不意外，他的成绩一落千丈。到了18岁，泰勒上了一个他觉得"不怎么好"的大学，但还是没办法应付学业。他没有去发掘自己痛苦背后的原因，也就是焦虑，反而在社交场合用酒精以及私底下抽更多大麻来麻痹自己。他失去了平衡，经常性的恐慌发作让他变得非常不健康。泰勒再也无法入睡、专心或集中注意力，最终把自己隔绝于所有亲朋好友之外。直到他完全被严重焦虑击垮，连宿舍房间都出不了，才发现自己得了重度抑郁症。他的抑郁症持续了将近两年，他必须接受的治疗包括严格的药物控制，个别治疗以改善他的个人应对技巧和问题解决能力，家庭治疗以消除他对父母的罪恶感和怒气，以及团体治疗以增强他的社交自信心。经历过抑郁症的折磨，现在他比较懂得如何处理不确定性、解决问题、管理情绪以及过上一种平衡的生活。

我希望泰勒和我自己的案例能让大家认识到，我们的心理和身体一样，都需要平衡。泰勒的焦虑和我的关节过度活动症，都是因为没有及早处理，导致严重问题爆发。我如果早点进行肌肉强化训练，泰勒早点建立起信心，绝对大有益处。青春期的生理化学变化让我们两个的问题一发不可收拾，我的情况是脱臼，泰勒则是恐慌发作。我们都经历了一个雪上加霜的事件：我的自行车意外和泰勒跟教练的冲突。我们都出现了失衡的早期征兆，但都选择了忽视，自己想办法治愈。我们都继续生活，直到完全脱轨。我们都耗费了极大心力重获平衡。我们都不是故意要变得如此失衡，这是父母们最不愿意看到的。但是，缺乏对问题的重视和必要的修正，让我们的生活逐渐失衡，最终让我们吃尽苦头。失衡在一开始可能会让亲子双方在某种程度上获得助益。举例来说，泰勒的谨慎帮助他远离伤害，使他成为一个听话的好孩子，从不捣乱。我们之所以会生病，是因为我们都在不断加强自身优势，却忽视了自己的弱点。人生越早失衡就越难重新步上正轨。如果这种不平衡开始于儿童黄金发育阶段，身体或心理不能以一种平衡的方式发展，之后患病、疼痛和受伤的风险就更大。

我们时常将生理和心理平衡视为理所当然，跟健康一样。想想看，我们走路或骑自行车需要发展出多少神经元和联结。除此之外，心灵必须时时注意身体并随时校正，才能在走路或骑自行车时保持平衡。虽然熟练之后要达到平衡看似很容易，但容易不代表简单。我们通常不了解校正是一件多复杂的事，直到少了些什么。有人认为我们的身体和心理会自动校正不平衡的状态，这种想法不完全错误，因为它们会在我们失去平衡时发出警报。不过，能不能听进去并付诸行动重获平衡，就操之在个人了，不听的话就会摔跤。

失去平衡是现在很多孩子的通病，已经影响到了每天的生活。如果我们的孩子总是被保护起来，他们就无法学会保护自己；如果我们的孩子花太多时间坐在书桌前，没有生活在真实世界的足够经验，长大之后就不会知道怎么在工作和生活之间找到平衡；如果我们的孩子花太多时间读书或练习，没有足够的休息或放松，就很难做到不紧绷；如果我们的孩子只会听命行事，没有机会靠自己来解决问题，就难以面对和应付遇到的问题。一个在失衡状态下成长的孩子根本不会知道平衡为何物。

我认为凭直觉，我们都会注意到身体发出的警报，但对心理发出的警报却置之不理。想象一下，一个8岁的孩子拥有一副肌肉发达的身躯，像是强壮的肱二头肌，那是多么奇怪的形象。身为父母，直觉会告诉你这不太对劲。你可能会说他的肱二头肌看起来"不自然"，质疑他所进行的力量训练是否不利于健康。身为父母的直觉告诉我们，身强体壮是好事，但以人为方式加速自然的体能成长并不是。孩子的心灵也是同样的道理。把8岁的孩子送去做力量训练最终会导致发育迟缓，而剥夺孩子童年的玩乐机会，要求他们有高人一等的表现，长久下来只会拖垮他们。

虎式教养的负面效果

行程过满的虎崽忙到无法满足人生基本需求

缺乏睡眠、阳光、锻炼和营养　16岁的桑杰在追求至高荣誉、参加各种义工活动和准备大学入学考试之间不断奔波。他来见我的时候心烦意乱又无地自容,因为大家都觉得他"很坚强",他却需要看医生。我发现他在萌生自杀念头之前的三个月里每天只睡5个小时。他和父母都知道睡眠很重要,但他就是没办法在白天把所有事情做完。他的父母很慈爱也很担忧,但没有引导他减少活动带来的负担,而是轮流熬夜陪儿子,帮他泡咖啡,任他读书读到睡着。他们甚至在他的成绩开始变差之后,请了一个昂贵的家教晚上帮他补习功课。

桑杰并不需要家教来帮助他提高成绩,他本身就很聪明,他需要的是休息。但他陷入了恶性循环,把每一个"领先"的机会看得太重,他睡得越来越晚,失去了清晰思考的能力,成绩也每况愈下。他觉得自己要发狂了,最后会被送进精神病院。我也同意如果他再不好好睡觉,可能就是这个下场。他不相信简单的睡眠就能解决他的问题,他一向都把睡眠时间挪来用在更"重要"的事情上。我向桑杰说明,睡眠不足几乎就跟长期抽烟一样有害健康。他答应我会多睡一会儿。仅仅过了四天,他注意到自己的心情、精力、注意力和专注力都有了明显改善。两星期后,他已经恢复正常了,一再感谢我救了他一命,而我所做的只是建议他多睡一会儿。我想补充的是,这种建议是任何具备基本直觉的人都想得到的,根本不需要任何医学背景!

我还遇到过无数年轻或年长的"老虎",他们饱受睡前焦虑的折磨

（最终导致失眠）。因为他们太忙了，就寝时间是大脑唯一可以处理当天各种情绪的时间。讽刺的是，许多患者告诉我，他们应付睡前焦虑的方法就是让自己在白天更忙，希望能累到一躺到床上就马上睡着。

有些老虎家长让自己的孩子忙到"不见天日"。据报道，在东亚主要国家，像是中国、韩国、日本等，90%的孩子早早就近视了。相较之下，北美的亚裔年轻人近视率只有10%~20%，显然近视的高发率并非受到遗传因素影响。研究员认为这是因为学习过度，而接触自然光太少，造成用眼过度。儿科医师也发现，佝偻病又开始出现，并认为原因是缺乏维生素D，它需要身体晒太阳才能合成。（我想电子游戏也难辞其咎）。如果我们的孩子总是待在室内读书或玩游戏，就永远没有时间享受户外乐趣。没有机会呼吸新鲜空气，也不晒太阳，这将会带来严重的后果。

如果你在室内待一整天，筋骨不怎么活动，体重很容易就会增加。肥胖儿童自19世纪80年代以来已经是之前的两倍还多，而且没有趋缓迹象。儿童肥胖在欧洲和东方国家日益严重，近期研究显示，儿童参与的需要久坐的结构化活动时长和肥胖有直接关联。

儿童糖尿病也有增高趋势，令人不禁怀疑，"忙碌程度"增加，吃快餐，以及奔波于不同活动之间在车上吃晚餐，是导致糖尿病和肥胖的部分原因。

忙碌也会导致极端行为的产生。举例来说，由于大学入学考试是中国教育体制中对人生最具决定性的关键考试之一，因此有些高考考生通过静脉点滴注射氨基酸，这样他们就不用把宝贵的学习时间浪费在吃饭上了。赞同这项做法的人表示（对，我很惊讶竟然有人承认他们支持这种疯狂行为），输液让学生省下去餐厅吃饭的时间来读书。他们还认为，这样能让彻夜苦读的学生提神醒脑、冷静思考。我很怀疑这种糟糕的生活方式选择是否已经算是明目张胆地对孩子身心的虐待。不管你的看法如何，孩子都正在受到伤害。

过度竞争的虎崽无法在真实世界里竞争

社交技巧与社会联系不足 许多父母和青少年现在比较喜欢从事单人的运动和音乐，不愿参加团队运动、乐团或社团，主要是因为他们觉得自己"赢"起来比较容易。曾有家长告诉我，游泳、高尔夫球或单独演奏一种乐器不用在团队里去配合别人，比较能控制结果。一位商学院的毕业生跟我说，他们系的本科生都不愿意参加团体项目，因为他们对自己的分数没有太多控制权。试想一下，有多少行业的运转是不需要团队合作的？这种短视近利，狭隘地只关注眼前的做法，会严重损害一个人长期发展的能力。今天这个世界跟过去一样具有社会性，甚至更甚以往，因为智能手机和计算机让全球的相互联结更紧密。优秀的社交技巧很快会成为履历表上的关键一项，而虎崽却极为缺乏。社交技巧与社会联系不足不仅有损就业前景，也会妨碍一个人在各方面获得成功。人类是社会动物，社交技巧和社会联系就跟睡眠一样，是维持健康之必需。

身体损伤 在运动和训练中被逼得太紧的孩子容易受伤。急诊室医生看到越来越多的孩子因为过度训练和过度运动而受到伤害。在 2008 年至 2009 年，有 40 万起脑损伤（脑震荡）案例发生在美国高中体育活动中。1997 年至 2007 年间，8 到 19 岁参加篮球、足球和橄榄球等运动的孩子脑震荡发生率增加了 1 倍以上，即便参加这些运动的人数是下降的。

医生也会告诉你，越来越多的父母不听从医生建议，他们不让受伤的孩子休息或暂停运动。这些伤害很严重，如果不让受伤的孩子好好休息，再回到他们被逼迫的运动场上，后果不堪设想。我见过扭伤脚踝的芭蕾舞者回到舞蹈教室，得了滑囊炎的网球队员回到网球场上，闪到腰的划船选手回到船上，以及膝盖疼痛的溜冰选手回到冰上。但最令人担忧的是受伤的曲棍球、篮球、橄榄球、足球、滑雪和雪地滑板运动员。我看到他们患有失眠、晕眩、记忆力衰退、注意力不集中、焦虑和抑郁等，而这些全都是头部创伤没有得到妥善处理的后遗症。如果一个孩子在经历脑震荡后不久又从事运动，通常是因为家长内心的老虎在作祟，使他们将受伤的孩子逼向危险边缘，或默许孩子这么做。不管是你的孩子"真的"想在康复之前回到赛场上，还是你"感受到"了来自队伍或教练的压力，在我看来都不合理。我们是父母，如果我们不把孩子的健康放在第一位，还有谁做得到？

人格缺失　为了赢得胜利不计代价，虎式教养会教出任性、自私和不道德的孩子。作弊和其他不道德的行为日渐猖獗，已经变得越来越常见。在竞争最激烈的运动中，孩子常常有不管怎样都要夺第一的压力。年轻运动员会"干掉"敌队最强选手，即使这么做可能导致严重伤害。媒体几乎每天都会报道专业运动员的作弊丑闻，但我可以用第一手资料告诉你，高中和大学运动员通常更容易作弊和使用违禁药物，因为较为松散的管制可以让作弊神不知鬼不觉。我常常怀疑这些专制的父母，对孩子的一举一动都紧盯不放，怎么可能是最后一个知情的人。我不是说所有父母都鼓励这种行为，但至少拒绝是需要很大勇气的。

在运动场上作弊只是不道德行为的冰山一角。不久之前，哈佛100名学生被指控在带回家完成的试卷中作弊。中佛罗里达大学则有超过100名学生提前拿到了期中考试的题目，他们没有一个人对作弊感到后悔。在1940年，20%的美国大学生承认曾在高中考试中作弊；到了2010年，这个数字增加到75%~98%。

最近我和一名拥有30年经验的教师安妮聊天，她透露教育工作者现在不能给学生太低的分数，更别说约束他们不要作弊，特别是在遇到老虎父母的时候。安妮告诉我，一位名叫马可的学生，他的父母责怪安妮揭穿马可考试作弊并取消考试成绩。安妮认为和马可的父母讨论这件事，对于马可是一个很好的教育机会，在不造成"致命伤"的情况下，让他了解到自己犯下的错误会导致什么后果（他当时读九年级，那次考试成绩并不会影响奖学金或大学入学申请）。可是他的父母很担心他的名声，以及反映在成绩单上的影响，因此他们提出要把整件事压下来。在压力之下，老师和学校不得不将这门课在总成绩中的比重降低，这样马可的成绩便不会受到切实的影响。更重要的是，所有跟作弊有关的痕迹全被清除得一干二净。马可从这次事件当中感受到的压力微乎其微，他的父母替他承担了所有焦虑、压力和替他擦屁股的成本。更有趣的是，马可坦承考试作弊而且还怪他的老师"大惊小怪"，让他的父母觉得他"受尽委屈"。这个例子显示出虎式父母不顾一切只想赢和不惜代价保护孩子的心态，可能导致尊重、责任和道德等价值观崩溃。

就连当义工都可以和作弊沾上边。许多年轻人当义工只是为了更容易申请大学，对此他们甚至可以跟你直言不讳。这些"做做样子"的学生并没有想到，很多入学审查官一眼就可以看穿这种装模作样的行为。最糟糕的是，这些为了得到利益才去做义工的人，无法体会真心付出后才会收获的幸福感。

成瘾物质使用和成瘾 在十余年的工作中，我看到越来越多成绩斐然的年轻人使用处方药来提升表现。加州大学一项研究发现，20%的大学生承认至少有过一次以非医疗目的使用聪明药、利他林等兴奋剂的经历，最常见的原因是"改善学业成绩""让读书更有效率""提神"。其他跟学业无关的动机，像是在派对上助兴或用来减重则被认为比较不重要。根据我对兴奋剂滥用、依赖与使用不当的广泛研究以及讲课经验，我认为这些研究结果都过于保守，而问题每天都在恶化。我看到孩子服用处方药来延长读书时间，打橄榄球打得更勇猛，在田径场上跑得更快，为了划船和跳芭蕾减重，以及熬过被塞满的日程，压力大到就要忍受不了的日子。

兴奋剂（以咖啡因最常见）是能在短期内提升表现没错，但长期下来的代价可能是破坏整个身体系统。举例来说，大脑的自然睡眠周期会变得紊乱，让年轻人无法入睡，即使停用兴奋剂也一样。兴奋剂具有高度成瘾性，可能会导致一个人的生活完全失衡。我遇到过也治疗过太多聪明又勤奋的虎崽，在不经意的情况下因为想要提神和提升运动或学业表现而对兴奋剂上瘾。

心理健康、自我伤害与自杀倾向　　大学生心理辅导室涌入了越来越多需要心理咨询的学生，从各种迹象来看，未来数十年的需求还会不断增加。青少年抑郁症等心理健康问题自21世纪初期以来上升了五倍。一项研究指出，1938年至2007年间，美国大学生的心理健康问题大幅明显增加。相较于20世纪三四十年代的大学生，现在的大学生抑郁症、轻躁狂、妄想症和心理病态偏差在临床量表上的评分高出一大截。心理病态分数超标的年轻人数量高出惊人的五倍之多。研究证据有力表明，这一结果并非由反应偏差（response bias）造成，也就是说，不仅仅是因为现在的人比过去更容易承认自己抑郁。研究者表示，研究结果最符合这样一种模式，即文化转向外在目标，如物质主义和地位，而远离内在目标，如社区、生活意义和归属。

这些结果一点都不令我意外，因为我每天都目睹这些问题日益恶化。不过，这几个趋势中最让人不安的是自我伤害。我看到太多年轻人用割、烧等自我毁灭的方式来伤害自己，包括自杀未遂和自杀死亡。这些人通常通过自我伤害来解决心理压力。他们借由自残让大脑分泌内啡肽（endorphin），来缓解伤口的疼痛。一项 2011 年的研究报告追踪了美国八所大学的学生，发现其中有 15% 的人曾经割伤、烧伤或用其他方法伤害过自己。这些行为最常发生在一天即将结束，这些学生该准备入睡的时候。

自杀有时是逃离压力最极端且悲惨的手段。2012 年秋天，新学年开始之前，康奈尔大学在其位于纽约美丽的东岸校园的七座桥上安装了铁丝网。原因是在 2010 年，有 6 名学生自杀，其中 3 名是从这些桥上跳下去的。校长戴维·J. 斯科尔顿（David J. Skorton）表示，这些死亡案例只是"冰山一角，显示出我们以及各地的校园有许多学生正在面临范围更广的心理健康挑战"。康奈尔大学很快成为所谓的"自杀大学"，但它绝非唯一遭遇此问题的学校。事实上，康奈尔的学生自杀率和北美洲其他大学差不多，比世界上许多学校要低。

在中国，大学生自杀率飙升，数字为同龄非大学生年轻人的 2~4 倍。在韩国，韩国科学技术学院（Korea Advanced Institute of Science and Technology）学生会在同一年第四个同学自杀后，说了以下这段话："我们日复一日被无情的竞争压得喘不过气来。由于有太多家庭作业要做，我们连 30 分钟都腾不出来以帮助同学解决烦恼……我们失去了开怀大笑的能力。"

在印度，如果你问大学行政人员，他们会告诉你学生自杀是一个严重问题。一项研究发现，2006 年有 5857 名学生自杀；到了 2010 年，这个数字攀升到了 7379 名（差不多一天 20 名）。

当然了，自杀是一个极为复杂的议题，触发原因通常不止一个。其实年轻人的所有心理健康问题都是多方因素互相影响的结果，像基因、早期童年经历、创伤、头部外伤、个性、荷尔蒙、成瘾物质使用以及环境。因此我的意思不是把年轻人的所有不开心都怪到虎式教养头上。事实上，更准确地说，失衡的"老虎文化"才是导致我们许多人不开心的主要原因。

最令人难过的是，那些最聪明、最有才华的年轻人面临自残和自杀的风险最高。小小年纪便在学业、运动或音乐上展现出过人天赋的孩子会被挑选出来，被课程、家教和殷切期望压得喘不过气，常常不计代价想要有杰出表现。他们逐渐用成就来构筑自我意识。他们的控制点变得完全来在外部。很多这种"高成就者"把任何形式（像是考试、竞争或友谊）的失败视为大灾难，而非宝贵的学习经验。他们不知道怎么应付失败，也不懂失败是人生很自然的一部分，因为他们从来不被容许失败。除此之外，他们中的很多人曾亲口告诉我，父母和其他人对他们的自残行为视而不见。他们说："只要我……（填空格：考试考好，入选足球队，赢得钢琴比赛名次，等等），我想做什么都行。"遗憾的是，大家一心只想明日之星一帆风顺，却不管他的船正在慢慢下沉。

身为精神科医师，我经常近距离地体会到自杀带来的惨痛代价。这些案例和统计数字真的只是冰山一角。不管数字怎么变动，多失去一个聪明的年轻人，都是整个世界的一大损失，我们只能和他们的父母一起哀悼这些早早地无意识地离开人世的生命。

适得其反的虎式教养

虎式教养长期累积下来会让孩子离成功越来越远，让父母事与愿违。我指的不只是事业成就，还有身体、心理、社交和精神上的健康与幸福。

得克萨斯大学人类发展与家庭科学学院副教授金苏永（Su Yeong Kim）对300多个华裔美籍家庭进行了八年的追踪调查。她想知道为什么虎式教养可以适用于华裔美籍家庭，但同样严厉的教养法对非亚裔儿童却会造成伤害。

结果显示，虎式教养并不适合每个人。金苏永发现，大部分华裔美籍家长并非完全是大家读完《虎妈战歌》会想象到的那种独裁型老虎父母。更重要的是，严厉而又情感内敛的华裔美籍父母最后养出来的孩子，跟其他种族的虎崽一样悲惨和茫然。被金苏永归类为"老虎父母"的子女往往学业成就和教育程度较低，心理适应不良的情况较明显，家人之间的情感也比父母被归类为"支持"或"随和"的家庭疏离。若以学业成就、教育程度和家庭亲密关系来衡量，支持型父母的子女拥有最佳的发展结果。这些孩子也避免了虎式教养家庭里同龄人所深受的学业压力、抑郁症和亲子疏离之苦。金苏永的研究证明了虎式教养需要付出巨大代价，但回报微乎其微。

虎崽尚未准备好面对 21 世纪的世界

普鲁士王国在 19 世纪早期建立了第一个强制性的国家资助的学校系统，从此以后学校教育的基本架构和方法并没有太大变化。这个系统把重点放在服从、责任和军事准备上，由于效果非常好，很快便流传到整个欧洲和北美洲，成为今日学校的基础。毫不奇怪的，我们的孩子正在为过去两个世纪以来的智力挑战做好充分准备。

在 19 世纪和 20 世纪大部分时间，信息不如现在这么容易获取，知识最丰富的人是最有价值的。考试分数和成绩是把知识最丰富的人挑出来的最简单方法。因此，学校开始关注考试成绩，父母也一样，他们经常逼迫孩子获得最高的分数。这件事在一百年前十分合理。

科技和机器在过去催生出传统的教室，并将高智力与好成绩画上等号，但同样的东西在今日已经让这些旧观念变得不合时宜。因为科技，我们追求的不再是标准答案，而是问对的问题。19世纪的教育模式让孩子变得跟机器一样（事实上，"计算机"这个词本来是在电子计算机发明之前，用来称呼能够进行复杂数学运算的人。在19世纪，一群群聪明的年轻男子，以及二战时期的女子，会坐下来拿出纸笔算数，现在则是由计算机完成）。一路下来，机器成为模范人类，"她是一部'机器'"成为称赞的话。问题是，人类并非机器，我们再怎么样像机器也不能把工作做得跟机器一样好。机器拼字拼得更快，计算得更快，也能更快找到信息。孩子在21世纪需要的成功要素是计算机没有的认知技能：想象力和创造力，以及合作、批判性思考、沟通与创新能力。

我们不需要知道所有数据，但要能够分辨数据的好坏。我们不需要知道每个问题的答案，但需要知道怎么在一大堆错的答案当中找到对的答案。我们不能自己解决所有问题，但绝对可以用非窃取的方式去运用别人的智慧结晶。合作、诠释和道德，这些是机器做不到的事，但我们的孩子必须做到。

科技正在迫使我们比以往想得更广更远，这一点日渐明显。十几年前还没有谷歌、脸书和推特。现在你能想象生活中少了它们会是什么样吗？谁会知道今天还不存在的公司，10年之后它们的名字会被加进词典里（或者应该说词典网站）？才不过5年前，社群网站管理员、用户体验设计师和机器生化人类学家，都是大家听都没听过的职业。想想看，一个在2014年上小学一年级的孩子会在2029年左右从大学毕业，如果我们一直教孩子19世纪的技能，怎么可能帮他们准备好进入目前想象中的科技尚未发展出来的21世纪新职场？但这就是现状，我们正在给孩子他们不需要的工具。

这时你可能会想："这种体制或许过时了，但我的孩子就在里面，也只能接受。"值得庆幸的是，情况正在改变。大学校长们正在思考该怎么教育现在即将入学的"酥脆族"和"茶杯族"，他们意识到录取程序有重大缺陷，因为它常常有利于 19 世纪的考试高手，而非 21 世纪的灵活脑袋。

南加州大学和教育保护协会（Education Conservancy）一份 2011 年的报告提出了具有说服力的论点，主张重新调整录取程序。这份报告强烈抨击大学院校现有的录取程序，作者写道："赋予标准化测验莫须有的价值，把它当作衡量学业能力的最佳方法，造成考试成绩比学生实际学习或发展来得更重要的印象，并催生出产值数十亿的测验、模拟测验和测验辅导产业。"除此之外作者表示，录取程序"强化了学生不屑的态度，让他们认为申请上名校是最终目的，而非一段教育历程的起点，这种态度造成高中生作弊和钻漏洞行为泛滥，同时导致有效教学的需求弱化，以及大学的学习效果不彰"。作者也呼吁各大院校以新的测验模板来评估高中生是否具有到高等院校学习和精进的个人愿望，并做好了进入大学阶段的准备。

我们现在还只是处于一个剧变的开端。讽刺的是，老虎父母最强烈的动机之一就是让孩子获得就业保障，但这正是虎式教养最适得其反之处。

虎崽在 21 世纪的职场表现不佳

虎式教养打包票保证，在这个竞争越来越激烈的世界，它是最佳教养法。的确，我们的孩子未来会进入的职场将与我们的截然不同，但不会是虎式教养模式所期望的那样。21 世纪是全球竞争的时代，科技让世界各地相连，但社会互动也越来越强。而且经调查，有超过 1500 名的全球顶尖首席执行官认为，创造力是 21 世纪最重要的领导特质，而这个特质被虎式教养扼杀了。

雇主抱怨新一代的年轻员工或毕业生不会创造性地思考和解决问题，无法进行团队合作。光鲜亮丽的履历表上彰显的全方位人才，不见得和本人一致。这是因为"全方位"的定义被老虎父母误解了。"全方位"的意思已经不是根据自己天生的兴趣探索不同领域，而是由父母决定的要求。虎崽通过"指示"来探索一项活动。对于将要申请高中、大学或研究生的虎崽来说，"全方位"代表着又要进行另一项在家长指示下为了让履历好看的活动。

音乐、团体运动等多元经验能帮助孩子发展勤勉、创意、随机应变和其他特质，带来更多的生产力和创新。但如果获得这些经验的动机来自外部，相关的正面特质便无法建立。要是等到上了大学或研究生再来发展这些特质，那就太迟了。

如今的年轻人不快乐、烦躁、焦虑而且尚未准备好面对真实世界，他们成了所谓的"权利一代"（Generation Entitled, Gen Entitled）和"Y世代"（Gen Y），也就是：我为什么不能得到我想要的东西？"你可能会认为，有史以来，人们就是会对当代的年轻人摇头叹息，数落他们的不是。"现在的孩子"总是让老一辈的人抓狂。不过，这一次老一辈的人可能是对的。近期研究发现，Y 世代和之前的世代有着可量化的不同点。Y 世代认为，社区参与和自我接纳的重要性比财富、个人形象和名气低得多。这些年轻人有时也被称为"千禧世代"（Millennials）或"唯我世代"（Gen Me），他们对捐助慈善机构、保护环境或参与社会运动的意愿比较低。往好处看，千禧世代比较外向（虽然这不一定代表他们具备较强的社交能力），不太会有性别歧视，也比之前的世代较没有偏见（除了涉及超重人群时）。有趣的是，他们没有偏见不是因为有同理

55

心，而是因为能够忍受。

Y世代强烈的权利意识，在职场中带来了实际的问题。雇主现在不时抱怨Y世代员工不但骄傲自大，认为规则不适用于他们，也不觉得有必要"尽责"。美林证券（Merrill Lynch）和安永会计师事务所（Ernst & Young）等公司都专门雇用了顾问来帮他们训练千禧世代的员工。这些顾问面对的是一项艰巨的任务。一项研究显示，这个世代的年轻人宁愿失业也不做他们看不上的工作；平均而言，他们将30岁视为离开父母的年纪（毫无疑问，这两项因素之间有关联）。

世界各地的企业领袖和人力资源管理者很受不了年轻员工无法"跳脱框架思考"，不能解决问题，或（更糟糕的）要父母帮他们谈工作合约或打电话来请病假。管理者表示，许多年轻员工难以跟别人达成共识，因为他们竞争意识太强或缺乏重要的社交技能，或两者皆是。一家顶尖企业的首席执行官告诉我："很多求职者都拥有完美的人生，甚至在学业、音乐和运动上有过人的成就。但如果他们不能与人共事或创新，那一切都白搭。事实上，这些成就还可能带来反作用，因为它们显示出这个人活在某种泡泡里，没有现实生活的经验。如果求职信给我这种感觉，我会立刻刷掉。"21世纪的雇主现在远远地就能看出谁是老虎。

老虎家长付出的个人代价

我们这些被老虎文化所困住的人本意是好的，我们只是没有为我们的孩子做得足够好。那我们自己呢？我们是否受益于老虎的生活方式？显然没有！

以我的例子来看，虎式教养差一点让我失去了宝贝女儿。我和丈夫已经有两个健康的子女，要不要"第三个孩子"的想法一直盘踞在我的心头。虽然我们的生活已经因为满满的日程安排和两个孩子的花费而失控，但我内心深处还是渴望再有一个宝宝。我丈夫（他是比较实际的那种人）很明确地说："不行，我们的生活已经手忙脚乱，开销又大，养不起第三个小孩了。我们会发疯、破产。"理智上，我同意他的看法。我们的生活容不下第三个孩子。这时我才突然领悟到，我们的生活变得完全失衡了。我告诉丈夫："如果我的父母能以更少的花费成功把五个孩子养大，我们养三个一定没问题。我不是很确定该怎么做，但我们绝对做得到。"当然了，为了达到这个目标，我们必须驯服心中的老虎。

母亲总是跟我说，要是我单纯真心地想要什么东西，不为了任何外在原因，那么我会找到办法得到它。我是单纯真心地想要第三个孩子，不为任何外在原因。事实上，我知道第三个孩子会给我极度在乎的外在事物带来巨大冲击，像我的事业（请了两次产假之后，我发起的项目组正在解体），我的外表（我还没减掉上次怀孕增加的体重，过去四年，我看起来都是一副很累的样子），我的财务状况（现在还有谁养得起三个孩子？），我的房子（它会变得乱上加乱），我的社会地位（变成三个小孩管不住的家庭之后，没有人会邀请我们做客），甚至我的朋友。此外，再度怀孕对我的婚姻、脆弱的膝盖和背部以及睡眠不足一点都帮不上忙！

我想人只有在全心全意想要一件东西时，才会愿意老实并深入地面对眼前的阻碍。我这么做之后，发现我生第三个孩子的阻碍主要是我自己，以及我为自己和家人带来无以为继的生活。当然，我丈夫也难辞其咎。事实上，他的控制欲甚至比我还严重（他爸爸那边是军人家庭）。但我是整座城市儿童与青少年心理健康计划医疗总监，而且我才是内在动力方面的专家，他不是。我不应该做出无意义又会伤害到家庭的举动。

我家老大出生时，我是个紧张的新手妈妈。出于恐惧，我开始采用虎式教养，并因为欠缺考虑和贪图方便就这样持续下来了。虎式教养虽然令人体力和财务吃紧，但在情绪上不费工夫。老虎父母的生活忙得不可开交，所以和子女之间有着一定的距离。虎式教养让我们把脆弱、同情和无条件地接纳等内心深处的情绪搁在一旁。老虎父母很努力，但方法不够聪明。如果他们足够聪明，就会更关注真正重要的事，并了解忽略这些事会让亲子双方付出代价。

我终于内省并对自己和丈夫承认，我们正过着失衡的老虎生活。为了解决这个问题，我们决定做出改变，重新找回平衡。这并不容易，有时候还很令人害怕。但人生就是一段波澜起伏的旅程，而非一连串的竞赛。我们正在这片海洋里游着，有时平静，有时嬉闹，有时谨慎，而更多时候是风风雨雨。但我们跟三个孩子（包括我可爱的小女儿）会同舟共济。

老虎家庭在养育孩子的过程中会经历很多痛苦。首先，所有课程和家教需要花上一大笔钱，支付这些费用可能会造成很大的压力。不仅如此，还要花时间把孩子接来送往，赶着参加游泳比赛、上音乐课或辅导班，而无法顾及赚钱，堆积如山的家务，其他觉得被冷落的子女，其他人际关系，婚姻，家庭，"属于自己"的时间，以及最宝贵的亲子相处时光。一个老虎家庭可能是由爸爸跟儿子进行同一项活动，妈妈跟女儿进行另一项，因此家庭成员过着平行生活，房子变成补给站，而非真正培育下一代的家。除此之外，老虎父母经常疲惫不堪，在孩子的青春期亦是如此，其实这时家长的存在特别重要。这种生活方式让孩子和全家人都受苦。我亲身体验过，也看过太多同样的例子。根据我个人以及我在健康、教育、科学和研究方面的同事的观察，他们有些是亲子关系专家，所有人都认为问题日渐严重，必须而且可以被遏止。

驯服内心的老虎

如果虎式教养模式不管用,还会对孩子(父母亦然)造成看得见和看不见的伤害,我们要怎么帮助孩子迈向 21 世纪的成功道路?有什么更好的模式,可以让孩子更有机会成为健康、快乐、积极而且真正成功的领袖,为世界做出贡献?

有的!但在我告诉你是什么模式之前,我想先问几个难以回答的问题,让你做好驯服心中老虎或周遭老虎的准备。以下是自我测试:

- 你对孩子的真正期望是什么?你可能对他们有很高的期待,希望他们找到好工作,过上好日子。但你是否也期望他们快乐?期望他们有能力创新或发挥创意?期望他们具备道德和社群意识?如果你只期望他们表现杰出或取得眼前的成功,这无异于让他们短视近利,牺牲长久下来会获得永续成就进而提升和丰富人生的机会。

- 你是不是任何事情都不甘人后(几乎所有人都是这样,不用不好意思承认)?在某种程度上,我们已经习惯用外在表征(房子、车子、孩子的外表和表现)来作为衡量自我的标准。对某些家庭而言,有一个上常春藤名校的孩子,就像车道上停着一辆法拉利或肩上背着一个 LV 包。这些表征透露出你是个什么样的人:成功、具有眼光和超凡品位,而且有能力负担孩子的学费。不甘人后的想法来自害怕被忽略或冷落。它让我们进入飞行模式,日程被安排得满满的,变得忙碌不已。

- 你总是追求完美?在媒体和社群媒体的推波助澜下,我们很难不把"完美"当作一个理想和向往的目标。问题在于追求完美的想法是对现实的扭曲。完美是一种迷思，也是我们迈向真正成功的巨大阻碍。完美主义者通常都害怕失败，无法以尝试错误的方式解决问题，导致他们规避风险，特别是刻意不显露脆弱的"真实"自我。

- **你的孩子是不是日程排得满满当当？** 让孩子广泛参与各种各样的活动固然是好事，但多少算太多，或是花多少时间才算花太多时间？是不是应该给孩子一些自由时间来放松、思考，甚至只是发呆？现在的儿童比起 30 年前，自由时间少了一半。很多家长跟我说："可是我的孩子就是想要参加这么多活动，还哀求我帮他们报名！"这是因为对许多从两三岁开始便行程满档的孩子来说，他们会的事情就是参加这些活动。他们不知道怎么好好休息或排解无聊，也没什么想象力可以自己放松、玩乐或学习。

- **你的孩子生活是否被过度安排？** 确保孩子得到他们需要的家教辅导或教练训练是很好，但如果这么做取代了学习过程，并占据了他们自己探索的时间，那就不好了。被过度安排的生活令人喘不过气，凡事都得接受指导则会扼杀创意的发挥空间以及思考问题及解决的能力。

- **你是否把孩子逼得太紧？** 每个人当然都需要鼓励来推一把。不过，推得太用力会影响孩子内在动力的发展。他们最后可能会怨恨父母施加命令；更糟的是，他们可能发展不出自我意识和内在动力。

- **你是否整天围着孩子转？** 所有孩子都需要被关注，被保护，被帮助和拯救。你是在鼓励孩子独立还是更加依赖你？你是否代替孩子做了他们需要学会的事，比如挑衣服、挑课程或挑工作？

- **你在为孩子铺路时，是否让他们参与其中？** 没错，帮孩子打好基础能让他们面对挑战迎刃而解。但你是否太快、太频繁介入？是的话，你可能正在剥夺孩子克服逆境、体验自然结果、靠自己想办法以及从挑战中学习的机会。

可能以上的几点你都没做，却还是觉得哪里不对劲。这样的话，老虎应该不是你。孩子也可能自己对自己做这些事。这是文化的一部分，存在于空气里。害怕浪费时间，追求完美，渴望迎头赶上，期待得高分和赚大钱，这些想法无处不在。最终导致许多年轻人盲目追求个人表现等外在驱动目标，舍弃了心理健康、身体健康和社交健康的内在目标，而父母并没有在后面督促他们。一名年轻患者告诉我："我就是我自己的虎妈。"

不管老虎文化出现在哪里，都无法持续下去，而且对孩子、父母乃至整个社会都有害。我们理应为孩子争取每一个可能的机会，但教养不代表要和周遭的现实对抗，而是在其中找到出路。要做到这一点，我们必须冷静、专注、坚强和适应。如果你希望孩子长大后能过上健康、快乐和积极的人生（哪个父母不希望呢？），首要任务便是抛开老虎，拥抱海豚。

PART 02
解决良方

与海豚共舞

第三章

21 世纪是海豚的时代

韩国与朝鲜的对峙已经持续了 50 多年。拥有近 1000 万人口的现代化大都市首尔位于朝鲜火炮的射程之内。南北高速公路上布满了防御工事,韩国军队保持高度戒备,这是有充分理由的。这个国家每天都面临世界末日战争的威胁。

很自然的,韩国非常重视军事防御,他们拥有导弹防御系统,新一代战斗机和现代化海军,这些都造价不菲。2012 年,韩国的国防预算约占国内生产总值(GDP)的 2.8%,在比例上高于中国,也高于英国、法国或德国等北约强国。这是一大笔钱,但一个国家把资源用在他们认为最重要的事情上也是合情合理的。避免毁灭性的战事发生似乎是一个明智的选择。

如果你可以从一个国家的支出看出它对各种事务的优先级安排,就会清楚韩国人把学校教育看得有多重,特别是进入特定学校。如果学生进不了"对的"学校(从幼儿园开始),通常会上一整年密集的魔鬼式家教课程（一天长达 14 个小时），期望隔年可以重新考上。在 2010 年，74% 的韩国学生上过课后辅导班。据悉，学生们经常通宵上课，父母还把床移走，怕他们睡觉不读书。疲劳、压力、焦虑、抑郁、成瘾物质使用和自杀问题极度恶化，政府不得不介入并于 2010 年通过一项宵禁，规定首尔的家教机构必须在晚上 10 点前关闭，希望这样能让受尽折磨的学生早点回家（哪怕回家也没有床可以睡）。即便如此，孩子们的生活还是睡眼惺忪地在学校和辅导班之间疲于奔命。韩国在补习教育上的投入是如此巨大和根深蒂固，以至于仅补习费用就占了韩国 GDP 的 2%，令人震惊！这几乎与这个国家用在同拥有核武器的朝鲜对峙中的开支一样多。

人们自然要问，这一切值得吗？所有的时间和金钱，所有那些珍贵的周末和童年的阳光午后，都是在书桌前度过的，而不是在户外玩耍。韩国人为完成他们认为至关重要的事情做出了巨大牺牲。所以，答案是值得，也不值得，我们要从不值得中学到很多东西。

老虎之中的海豚

热衷于标准化测试的教育工作者们尤其喜欢国际学生评估项目（Programme for International Student Assessment，简称 PISA）的测试。PISA 在 2000 年由总部位于巴黎的经济合作与发展组织（Organisation for Economic Co-operation and Development，简称 OECD）所发起。计划的主要目标是测评教育体系，方式是让超过 70 个国家的 15 岁学生接受知识测评，然后比较结果。PISA 每三年举办一次，各国政府通常会利用测评结果来改善地方教育标准。如果你很好奇法国孩子的阅读能力是否跟德国孩子一样好，PISA 可以告诉你；如果你想知道加拿大孩子是否跟美国孩子一样擅长数学，PISA 也可以告诉你。

不过，这个测评意外地让我们看到了数据背后隐藏的一些东西：独裁型教育是不是让学生表现超乎水平的最佳方式。快速浏览一下表 3.1 就会发现，在科学、阅读和数学领域，有一个令人惊讶的异常值。

表 3.1　2009 年 PISA 分数

科学	PISA 分数	阅读	PISA 分数	数学	PISA 分数
中国上海	575	中国上海	556	中国上海	600
芬兰	554	韩国	539	新加坡	539
中国香港	549	芬兰	536	中国香港	536
新加坡	542	中国香港	533	韩国	533
日本	539	新加坡	526	中国台湾	526

来源：经济合作与发展组织，2009 年 PISA 结果摘要，2010 年，http://www.oecd.org/pisa/pisaproducts/46619703.pdf，图 1

芬兰：找出 21 世纪的成功道路

事实证明，数以百万计的亚洲父母是对的，只要让孩子拼命进行训练，他们就能成为顶尖人才。无眠的夜晚、埋头苦干和数不清的牺牲最后都会换来回报。但事实上，学生就算不刻苦耐劳地死背牢记和没日没夜地拼命读书，也能成为顶尖人才。你可能已经注意到芬兰出现在 PISA 的两个表上。芬兰在这里是令人惊讶的异常值，原因并非它是唯一进入前五名的非亚洲国家，而是它拥有一个和独裁体系截然不同的教育体系。

在芬兰，儿童直到 7 岁才入学，而且创意游戏受到鼓励，小学课程中每天会有 75 分钟的游戏时间。芬兰人认为教育是渐进式的过程而非竞争，因此他们不采用标准化测验来评估孩子是否能进入更高年级。孩子几乎不用做什么家庭作业，到了青少年中期才会出现很少的考试。唯一的标准化测验（16岁时的全国大学入学考试）则是在高中毕业前进行。不过，芬兰学生的确也有其他形式的"考试"。在这些考试中，他们必须回答简单问题以评估自己的老师和学校的效能。芬兰教师皆受过良好教育（大部分都有硕士学位），在社会上也备受尊重。

像这样一个教育方针如此宽松的国家，怎么会在PISA测评中表现得这么好呢？这个问题让世界各地的教育工作者好奇不已，有些人还专门跑到芬兰研究其教育模式。芬兰政府是这么跟他们说的："一个国家为了保有以知识为基础的教育和经济，必须为全体人民做好准备，而非仅仅一部分人，才能迎接新的经济。"在芬兰，教育政策的主要推手是合作，而不是竞争。此外，学校从不根据学生的学术能力高低将他们分为三六九等，而且所有学校都是平等的，这个系统中没有私立学校和学校排名。

我们不难看出芬兰的教育模式把重点放在培养学生的内在控制点上。学生知道自己的兴趣很重要，自己是独一无二的个体，但同时隶属于团体。

芬兰政府花在每个学生身上的钱比美国少30%。而且芬兰最强和最弱的学生之间的差距是所有国家中最小的，不必像亚洲学生一样受尽痛苦折磨就能在PISA测评中稳居前五名。芬兰的教育体系比老虎体系更简单、易行，成本更低，而且更加健康。这个体系能发挥作用是因为它符合人类真正学习和渴望生存的方式：通过一种重视玩乐、探索、社会联结和合作的平衡生活。

如果你怀疑芬兰模式在这个世界无法立足，可以看看表3.1列出的这些国家每千万人出了几个诺贝尔奖得主。在以下名单中，五项诺贝尔奖（化学、文学、和平、物理、生理或医学）以及之后增补的诺贝尔经济学奖皆纳入考量：

- 中国：0.06
- 芬兰：7.6
- 中国香港：1.39
- 日本：1.49
- 新加坡：0
- 韩国：0.205
- 中国台湾：0.43

如果我们仅比较韩国和芬兰每千万人的诺贝尔奖得主数量，差距不只2倍、3倍，而是37倍！韩国虽然固定上榜PISA前五名，但以诺贝尔奖得主数量来看，在71个国家当中仅排名第62。韩国学生显然非常用功努力，但虎式教育却成了他们成功路上的阻碍。老虎教育体系在各方面，比如身体健康、心理健康、社交健康、精神健康和财务健康方面都付出了相当大的代价，但还是无法培养出懂得如何表达想法、如何与人合作的具有创意和批判性的思考者。

CQ才是21世纪的必备技能

企业通过分析大量数据库来评估绩效，这种空前的能力为雇用惯例和领导能力掀起了一波革新。谷歌拥有的数据最多，观察这些数据也最久。2013年6月，谷歌的资深人力资源副总裁说："我们从所有数据分析中可以看到，把学业平均成绩和考试分数当作标准，无法让我们雇用到具有生产力和创新能力的员工。大家都知道谷歌以前很看重成绩单、学业平均成绩和考试分数，但现在不这么做了，我们发现这些东西什么都预测不了。"如果成绩单、学业平均成绩和考试分数什么都预测不了，那还有什么可以呢？谷歌指出，它想要的人才"要善于在没有标准答案的情况下想方设法解决问题"。

想要在今日节奏快、高度社会化、极度竞争以及全球联结的世界有好的发展，我们的孩子需要具备 21 世纪的技能。墨尔本大学的 21 世纪技能评估与教育行动计划（The Assessment and Teaching of 21st-Century Skills Project，简称 ATC21S™）组织来自全球 60 个不同机构的 250 多位研究员定义了四项 21 世纪必备技能。这些技能已经被纳入各地教育机构与职场环境，分别是四个"C"：

- 创意（creativity）　现今的商业领袖把创意视为未来最重要的能力。
- 批判性思考（critical thinking）　重点不在于知道"对的答案"，而在于知道如何问"对的问题"。
- 沟通（communication）　你可以拥有全世界的原始智慧（raw intelligence），但如果你无法在不同媒介上有效表达你的想法，那还是没有用。
- 合作（collaboration）　不管是在家庭、职场还是全球社会，能够在团队中学习并启发他人才是今日的致胜关键。

我把这套 21 世纪必备核心技能称为全商（complete quotient）或 CQ。正如你可能知道的，IQ（intelligence quotient，智商）代表原始智力能力；EQ（emotional quotient）代表情商。为了在 21 世纪制胜，我们的孩子需要 CQ。

教育界与企业界开始重视 CQ

杰克·安德拉卡（Jack Andraka）以 15 岁的年纪在英特尔国际科学

展（Intel International Science and Engineering Fair）上夺冠。他设计的一套癌症检测法，比现有方法快28倍，灵敏100倍，而且成本仅为现在的1/28。这个世界充斥着未过滤的信息，如果具有创意思维的脑袋想要做出真正的贡献，那么在信息之间找出重要关联远比死记硬背有用。在癌症研究这种专业领域，谁能想到一名青少年可以做出如此有价值的贡献？这就是CQ的力量。

杰克利用他在谷歌和维基百科上找到的信息发明了这套癌症早期检测法。接着他需要测试效果，所以再次到网络上找办法。他发了数百封电子邮件给实验室和研究员，询问他们是否对他的发明感兴趣。在被拒绝了大概199次后，他收到了一封邀请信，让他迈向了成功的道路。杰克成为了世界各地的头条人物，造访全球重大场合，像TED会议、伦敦皇家医学会，甚至白宫，与政治界和科学界的显赫人士互动往来。

杰克的成功并非来自19世纪的知识（例如他在标准化测验中的表现），而来自21世纪的聪明才智。他的创意和批判性思考能力让他得以发明出这个癌症检验法，而他的协作与沟通能力则让他成功地找到合作伙伴。许多学生都会上谷歌和维基百科，但杰克的内在动力和独立性促使他充分探索自己的兴趣。如果他被逼着做没兴趣的事，我们都知道这项计划不会达到这么高的层次。杰克真心想让世界变得更好，而这个愿望推动他在无数次被拒绝之后仍勇往直前。

2011年，理查德·布兰森爵士（Sir Richard Branson）在推特上表示，任何捐2000美元给解放儿童组织（Free the Children）的人，都可以免费坐飞机去跟他喝一杯。一个名叫斯泰茜·费雷拉（Stacey Ferreira）的19岁少女抓住了这个机会，她和哥哥斯科特（Scott）连同其他18人一起飞到迈阿密去见布兰森。斯泰茜和斯科特捐钱不只帮助了解放儿童组织，也得以和布兰森简短会面并向他提出他们的创业新点子：MySocialCloud。这对兄妹回到加州后仍然通过电子邮件以及推特和布兰森爵士保持着联系。很快布兰森爵士就把他们引荐给了朋友杰里·默多克（Jerry Murdock）——纽约一家风投公司的联合创始人。默多克最后造访了费雷拉兄妹在洛杉矶的办公室，并在隔天宣布他和布兰森将投资MySocialCloud 100万美元。

几个月后，斯泰茜·费雷拉在纽约大学她的宿舍里监督所有营销工作，安排多个群组的程序设计师进行电话会议，管理策略营运，评估用户经验，简化MySocialCloud的愿景。斯科特成为了MySocialCloud的首席执行官，同时在南加州大学攻读建筑学学士学位。

斯科特和斯泰茜的案例在10年前并不多见，在20年前根本听都没听过，因为当时并没有机会可以轻易见到有权有势的人士。随着社群媒体等途径的出现，21世纪开启了这些前所未有的机会，而具备CQ的人便能扶摇直上。

如今，企业和大学都抢着要像杰克·安德拉卡和费雷拉兄妹这样的人才。21世纪的世界提供了各式各样的机会，和19世纪的"成功"窄门全然不同。因此，19世纪的窄门很快就会不复存在。我曾和一名在印度顶尖大学工作的就业辅导员谈过，他告诉我："现在毕业生的出路和机会比以前多太多了。你不一定要当医生、律师或工程师也能找到好工作。但如果你已经从事了这些职业的话，最好能够创新并随机应变。每天都有新的工作种类冒出来，而科技是其主要动因。未来十年，成绩会越来越不重要，成功的关键将会是创新和沟通。"现在的年轻人自己运用CQ的时机已经成熟，做得到的人就可以成功。大学和企业为了生存必须进行调整，他们要营造出能够培养CQ的环境，而这个事实也正在促使各地大学和企业转移其入学和面试程序的重心。

英属哥伦比亚大学（University of British Columbia，简称UBC）是

加拿大第一所将非学业标准纳入入学程序的知名大学。该校的助理副校长兼教务主任表示："我们渐渐发现我们忽略了学生在经验和成就方面的重要因素。即使单看他们面临了什么挑战，都能有力地预测出他们未来可能担任的职位。"在2012—2013学年度申请UBC的学生，必须完成一份包含5个问题的问卷，并且需要分享他们个人觉得有意义的经验。

同样的，由于企业界时常抱怨毕业生缺乏极为重要的领导能力和人际关系技巧，UBC的尚德商学院（Sauder School of Business）于2004年更改了入学政策，将更多元的考核标准纳入，不再只是看学业平均成绩和考试分数。这么做之后，企业界的抱怨大幅减少，学校也因此吸引到了对广泛课外活动（例如学生会）感兴趣的学生。

哈佛商学院有个"2+2课程"，被这个课程录取的年轻人必须先花两年时间找到自己感兴趣的工作机会，然后在之后两年的时间修完哈佛商学院的硕士课程。每个学生一开始就有一位导师，但除此之外他们在前两年可以完全自由地玩乐探索、建立关系、与人合作，做自己想做的事。哈佛到底为什么要设计这样的课程呢？它给学生提供了追寻热情和好奇心的机会，同时通过实践和非结构化的学习来发展21世纪的优越技能。这些学生再把CQ、创新思维和现实经验带回课堂，让其他同学以及全体商学院皆相得益彰。这对所有人来说都是双赢局面。

身为医学院学生的教师兼医师，我很高兴看到医学院也跟上了步伐，更加重视CQ。这么做有很充分的理由：太多患者遇到过"聪明"但没有同理心、沟通技巧和创意思维的医生。我们都希望医生能从批判的角度分析无数的数据资料，然后适当地将这些资料运用到现实情境中。我们在上一章已经看过汤姆的例子，知道老虎模式无法帮助年轻人成为这样的医生。

现在很多申请医学院、法学院、商学院和其他研究所的学生在面试时都要面对一群观察他们是否具备沟通、合作和批判性思考能力的考官。每个面试都经过精心而专业的设计，目的就是要从学生的回应中看他们有没有同理心、创造力、道德感和解决问题的能力。

医学院入学考试（Medical College Admissions Test，简称 MCAT）在 2015 年发生了巨大转变。其中一项转变是在考试中加入了与人类行为和思考的基础科学有关的问题。此外，MCAT 还增加了不会用到特定知识，而是需要推理和批判分析能力的新题型。

就连作为美国高校录取重要参考的学术性向测验（Scholastic Aptitude Test，简称 SAT）也进行了调整。2001 年，加州大学校长批评 SAT 某些题型所测验的知识仅有少数精英学生具备。他表示加州大学各分校在筛选申请者时 SAT 有些部分的成绩将不会被列入评估项目。2005 年，这一问题得到改善，SAT 部分测验内容被删除，取而代之的是一些新的测验内容，包括一篇论文以及更多批判阅读题目。

以利益为导向的企业界很快便摒弃了老虎模式。全球企业都想雇到拥有"软实力"的人才。耶鲁商学院最近规定 MBA 申请者必须进行 EQ 测验。该校的领导力发展计划主持人汤姆·科尔迪茨（Tom Kolditz）说："我们希望学生有更强的自我意识。我们希望他们提高情绪管理和影响他人的能力。"圣母大学（University of Notre Dame）门多萨商学院（Mendoza College of Business）也采用类似的入学测验来找出 MBA 资深招生副主任口中的"未经雕琢的璞玉"。达特茅斯学院（Dartmouth College）的塔克商学院（Tuck School of Business）则是要求写推荐函的人为申请者的好奇心和抗压能力提供参考资料以供评分。

技术能力当然很重要，但如果员工没有 CQ，贡献便很有限。"软实力可以让优秀的大学毕业生从一群好的大学毕业生中脱颖而出。"英国劳斯莱斯（Rolls-Royce）建教合作部的约瑟夫·克洛克（Joseph Krok）

表示。"世界各地许多技术课程过去都把重心放在技术层面,我们一直在跟大学倡导软实力的重要性。"英国石油公司(British Petrol)全球招募副总裁保罗·麦金太尔(Paul McIntyre)补充说。一名雇主告诉全球顾问公司麦肯锡(McKinsey & Co):"我从来没有因为一名工程师在工程方面做不好而解雇他,被解雇的都是因为缺乏团队合作的能力。"

即使是过去不需要 CQ 的工作领域,现在都逐渐要求员工发挥创意和合作精神。举例来说,普华永道(PwC)注册会计师的面试中包含了通过烹饪课评估应试者的人际交往能力。没错,就是烹饪课!任何需要与他人(特别是不同文化、背景和地点的人)共事的工作,都会要求这些老虎所没有的技能。

我们正在从老虎蓬勃发展的 19 世纪迈入他们连面试机会都争取不到的 21 世纪,这些人想要在真实的业界或高等教育中生存更是难上加难,因此我们的教养模式必须随之改变。我们直觉上知道,现在也看到了研究和数据,自上而下管教的独裁体系无法让我们在今日的世界欣欣向荣。所以我们为什么还要继续用旧的模式来教养孩子呢?

平衡人生:健康、快乐与成功的基础

我们看到中学、大学和企业采用的新模式都倾向于真正启发和激励人的心智,造就更健康、快乐和积极的人才。

乔治·维伦特(George Vaillant)博士著名的"格兰特成人发展研究"(Grant Study of Adult Development)是《经验的胜利》(The Triumphs of Experience)一书的主题。这项研究跨越数十年,是首次针对成人长期健全、快乐与成功的科学验证,不但为期最久也最全面。它于 1938 年在哈佛大学展开,追踪了哈佛 268 名男性大学生一生的历程。研究人员测评了极为广泛的心理、人类学和身体特征，包括IQ、主要器官功能、尿床等幼儿行为、个性、身高、罗夏墨迹（Rorschach Inkblots）解读、笔迹分析、饮酒习惯、脑波、外貌、家庭背景、人际关系、"唇缝"大小，甚至"阴囊垂下来的长度"，为的就是找出对人类健康发展影响最大的因素。

所有受试者每两年都须填写一次问卷，回答有关日常生活和健康的问题。他们的医师每五年提供一次他们的详细健康数据。在情况允许下，这些男性会接受个人访谈，让研究人员获得更深入的资料，并了解他们在变动的世界和生活中做了哪些调整。现在资料还在持续搜集中，其中30%的受试者已经活到90多岁了。

维伦特的研究前所未见，让我们得以以科学方法一窥健康、快乐与成功的奥秘。我们从多年来的数据可以看出以下几个惊人（或者其实也没那么惊人）的趋势：

- **智力在达到一定水平后，就不那么重要了**　IQ介于110至115之间的男性与IQ高于150的男性相比，最高收入没有明显差距。
- **适应能力是成功的关键**　到了50岁，个性特质将准确显示出谁会进入人生的"健康快乐"组（也就是拥有客观和主观的身心健康），有25%的哈佛男性属于成熟适应型。维伦特形容成熟适应型的人可以"把柠檬变成柠檬水"，对我来说意思就是遇到任何情况都能运用创意和正面思考去适应。维伦特也表示，在处理冲突和压力时能发挥利他精神与幽默感的人也属于成熟适应型。
- **进入人生"健康快乐"组的六大重要因素**　除了成熟适应之外，还有不抽烟、少饮酒、规律运动、保持正常体重和稳定婚姻。
- **人际关系带来的温暖对健康、快乐和成功有重大影响**　举例来说，在"温暖的人际关系"这个测评条目上，得分最高的受试者比最低的受试者在薪水巅峰期（通常在 55 岁至 60 岁之间）一年平均多赚 141000 美元。这些男性不只财务状况较好，因事业成功入选名人榜的机会也高出 3 倍。再有，童年时期拥有"温暖"母子关系的男性（要记得，这项研究从 1938 年就开始了）年平均收入比没有的男性多 87000 美元。相较之下，童年时期与母亲关系差的男性年老之后比较容易失智。维伦特传达了一项重要信息，他说："耗费 75 年和 2000 万美元的格兰特研究指向一个再明显不过的结论——'快乐就是爱'。"

听起来很棒，但我们要怎么样才能进入人生"健康快乐"组呢？很简单：实践就会实现。先去适应，就会变得有适应力；先去做出利他行为，就会培养出利他精神；先让自己变得温暖和有同理心，就能与他人产生联结。我们必须先做这些事，才能成为这样的人。不过，只有在我们真心想要这么做的时候，行动才能塑造内在人格。维伦特和其他无数个探讨快乐、成功、失败和动机的研究都证明了一点：健康比什么都重要，快乐源自爱与情感联结，而成功需要适应力。为了进入人生"健康快乐"组，我们必须驯服心中失衡的老虎，接纳内在平衡的海豚。

为什么要当海豚？

你可能会问，为什么要向海豚学习？为什么不是狗、海象或果蝇？在这个复杂的世界中，海豚有几项特质是成功人生的有力象征。即便如此，老虎本身并没有什么问题！用老虎和海豚来比较不是因为对这些动物本身有偏见，就像"龟兔赛跑"不是为了要把兔子描写得有多糟糕。

我们从这个故事中学到的并非兔子就是爱吹牛，对自己的才能过于自负，而是人类的作为。我们不会看完这个故事就对乌龟产生新的好感，而是会停下来想一想在面对挑战时，一定要保持冷静、沉着和坚毅。换句话说，重点不是动物，是我们。从这个角度来看，老虎和兔子没有多大不同，海豚和乌龟也有一些共通点。我可以向你保证，当一只海豚有趣多了。

人类长久以来都很喜欢海豚，可能是因为大众认为海豚是世界上最聪明的动物之一。海豚的大脑相当大，是黑猩猩的四倍，拥有与人类匹敌的智慧。脑容量与创意、学习、沟通和社会联结相关，而海豚将所有这些特质展现得淋漓尽致。它们活泼伶俐，是真正的社交动物，会群居和团体行动，并通过以身作则、游戏和引导来教导宝宝，很多人不知道海豚被认为是世界上最具利他和合作精神的物种，帮助同类和族群是它们生存的核心特征。

海豚教养模式的重点为引导而非命令，以鼓励代替指示，并且重视身教。海豚的生活方式强调游戏、探索、社会联结、利他精神、贡献以及家庭与社群价值的重要性。这些当然也是人类教养的自然特质。不过，我们失衡又恐惧的生活被过度聚集、过度保护和过度竞争填满，所以向别的物种看齐可以帮助我们提醒自己真正的平衡生活该是什么样子。我认为"海豚教养法""平衡教养法""直觉教养法"这几个词是互通的。海豚教养法的道理很简单，就是让你找到人类的平衡与直觉，并据此行动。

健康、快乐又成功的海豚模式

那么海豚到底要怎么为我们指路，帮助我们教养孩子，让他们真正准备好踏上 21 世纪瞬息万变的旅程呢？首先，海豚同样拥有 21 世纪制胜的必备技能，那就是 CQ！

- **创意** 它们创造"工具"来狩猎和觅食，譬如把海绵套在喙部，在海底寻觅食物。
- **批判性思考** 它们可以发现和解决许多类型的问题，像是捕鱼器。
- **沟通** 很多科学家把它们用来沟通的口哨声、啸叫声和身体姿势当作实际的语言。
- **合作** 它们是高度社会化的动物，狩猎、游戏和生活的各个层面都跟群体在一起。

海豚不会一直四处徘徊，也不会时时互相竞争。它们玩耍、探索、睡觉、运动、建立社会联结，也会为群体做出贡献。它们也会表现出各自的兴趣，有的喜欢玩海草，有的在岸边冲浪找乐子，有的爱和其他海豚打闹。它们甚至会做出复杂的游戏行为，像制造泡泡环并从中间穿过去。海豚和家人以及群体中的其他成员会建立深厚的社会联结，甚至会对行为跟自己类似的海豚展现"友谊"。

海豚能够独立自主，但和群体的关系很紧密。它们生活和养育下一代的方式可以说是很有伦理，帮助彼此和其他物种的习惯亦具有利他精神。我们都知道海豚会保护人类不受鲨鱼攻击，还会拯救搁浅的鲸鱼，这些行动展现出他们对其他群体甚至其他物种的责任感和同情心。

另外，你知道海洋食物链最顶层的虎鲸（又称杀手鲸）其实是海豚吗？杀手鲸是世界上最厉害的顶级掠食者。不过它们不像老虎、鲨鱼、北极熊那样独来独往，而是高度社会化和重视合作的猎人，因此力量更加强大。

海豚知道这个世界充满竞争和危险，才会如此团结。一只虎鲸能轻而易举杀死一只鲨鱼，但其他海豚遇到掠食者时会互助合作。我喜欢把海豚想象成海洋世界的芬兰人，他们出类拔萃不是因为争强好胜，而是具有创意、爱玩，而且可以和伙伴合作无间。

海豚也有非常良好的适应能力。从行为来看，它们可以和其他动物（例如鲔鱼、海龟和人类）形成长期关系，当地有什么猎物就吃什么，甚至原本各自独立的群体为了捕猎新的食物会联合起来；从身体适应来看，多数海豚生活在咸水区域，但有些在淡水中也可以生存。它们的身体呈流线型，可以快速移动（最快可达时速一百英里）以捕获猎物或逃离掠食者。此外，它们的每只眼睛可以分开独立转动，一只眼睛盯着前方的猎物，另一只眼睛扫描四周是否有掠食者。

人类面对变化多端的 21 世纪一样需要适应。父母处在极大的压力之下，我们的孩子也一样。不过，只要有适应能力、健康的生活方式、利他精神与社交能力，海豚便能在维伦特的研究中脱颖而出！身为家长，假如我们能适应并培养孩子这些特质，那么不管在教室、会议室还是社区，他们都能活得健康、快乐和成功。

海豚的内在动力与 CQ

一名叫夏洛特的学生某天给我打电话并留言，希望可以跟着我做有关年轻人成瘾物质使用的志愿研究。说来也奇怪，夏洛特和多数跟我联络的学生不一样,她没有打算申请医学院,只是个对法律感兴趣的大学生。当时,我手下已经有很多学生要指导,不想再多收一个了。不过,她提出这项特别要求时所表达出来的热忱引发了我的兴趣,于是我给她回了电话。跟她聊了没多久,我就被她身上的正能量吸引了。在短短几分钟里,她简明扼要、条理清晰地述说了自己的创意想法,令我折服。她想在研究中比较加拿大和美国的合法饮酒年龄(分别为19岁和21岁),以及这一差异如何影响大学校园的饮酒行为。我很喜欢这个题目,但可以预见一些阻碍,所以也跟她提了出来。夏洛特很快便在电话中把这些问题一一解决了。我还是很犹豫要不要再多收一名学生,特别是这么年轻的孩子。她一定从我的语气中察觉到了这一点,因为她立刻跟我讨论起这项研究如何能为所有人创造双赢局面。她已经想好了要把论文投稿至哪一个法学期刊(这显然对我们双方都有好处,也有利于众多利害关系人,包括政策制定者、警察、健康专业人士以及校园行政部门)。在10分钟的通话里,夏洛特展现了创意与批判性思考、沟通与合作技巧,以及正能量与主导这个对她个人和世界都有益处的研究计划的明确意愿,所以我实在是找不到理由拒绝!她完全具备海豚的特质。

没错,夏洛特是非常有企图心的海豚,但她和有企图心的老虎截然不同。首先,她能随机应变。这是从小行程满档、被管得死死的人所没有的特质。她自己对学习的热情和内在动力很明确。她让我觉得她能独立作业,也能跟团队合作。她不是酥脆族或茶杯族,她看起来对现在的生活很满足,但对未来也有清晰的目标,这一点让她讨人喜欢又易于亲近。最后,她给人值得信赖、尊敬他人和处事公平的印象,这些都是真正的领袖特质。

我知道夏洛特打算申请法学院。她的第一志愿是斯坦福法学院,世界上最难进的法学院之一!由于我和她的互动很愉快又具效率,彼此建立了情感联结，因此我希望帮助她追求个人兴趣（而非应父母要求），而她自己也满怀热忱。在她还没开口请我写推荐函之前，我就帮她写了。我还把她介绍给了我的弟弟，他曾就读于斯坦福大学和加州的法学院。夏洛特太讨人喜欢了，我弟弟很快也跟我一样变成了她的导师。我把我们共同研究的几个项目排在了最前面，让她可以在一场全国会议中报告她呕心沥血的研究成果，这能让她在申请学校的个人简历上多一个重要的加分项。在给斯坦福的推荐函中，依照要求必须评估夏洛特在创意、沟通、批判性思考和合作方面的表现。我在信末写道："在我教学和指导本科生及研究生的十多年里，夏洛特可以排到我所有学生中的前百分之一，她具备杰出的 21 世纪的关键技能。夏洛特的成功经验只是大好前程的起点，因为她拥有强大的内在动力来进一步追求她个人对法律的热情和对社群的贡献，不管是在斯坦福大学还是更广阔的世界。"几个月前，夏洛特通过电子邮件捎来了好消息，她申请上了斯坦福法学院，满心雀跃。我很替她开心，但不管她有没有上斯坦福法学院，我都深信她具备成功的条件。

在海豚式教养之下成长的孩子不管是进入顶尖大学还是找到学业之外的道路，都能勇于走出去闯荡，或者选择要不要回来，并开创另一片天地。

如果你心里想着要上哪找"CQ 家教""适应力教练"或"平衡训练营"，我拜托你千万别这样！我们好就好在天生就会茁壮成长，而且相当容易达成这些海豚特质，只要除掉潜伏在心中的老虎。我们来仔细看看海豚是怎么让子女、自身和群体获得这些特质，并乐在其中的！

第四章

海豚如何茁壮成长？

我第一次见到孩子们的儿科医生周医生时，惊讶地发现他对小朋友真是有一套。他非常聪明，又雄心勃勃，但真正令人印象深刻的是他的创意。周医生用一根吸管跟我的孩子玩，同时量好了他的头围，而这只是一个小例子。我问起他的背景时（我实在忍不住想得到这种信息），本以为他应该受过精英教育，没想到他说自己是在印尼一个小镇的牧羊场长大，直到十岁才真正得以上学！（当然了，为了这本书做了那么多研究之后，我现在不觉得惊讶了。）

我们两个都不是虎爸虎妈养大的小孩，但我见到周医生时，发现他拥有我所没有的能力：用直觉工作。他从来不会强迫患者或他们的父母照他说的话去做，而是让他们认识到自己该做什么。他真诚的态度让人想要接近并倾听他的想法。每个到过周医生诊室的人都很喜欢他，似乎不管来的是谁他都能相谈甚欢。

过去的十多年中，我接触过各式各样有着千奇百怪问题的患者，很快就发现没有所谓一体适用的方法，就算是同一个人，也可能会遇到不同的情况。后来，我有了自己的三个孩子，体会到教养也是同样的道理，每个孩子在不同时间点会有不同的需求。身为医生和母亲，我也必须随时根据情况做出调整。对我而言，要变得像周医生那样直觉敏锐且适应力强，有三个关键步骤：（1）认清和遵从自己的真实意愿，（2）引导而非命令，（3）做到以上两点，同时保持真诚，也就意味着我得了解并忠于自己的价值观。

我当了8年医生后，才成为一名母亲。成为母亲之后，我发现医生和母亲这两个角色可以相辅相成。医生希望帮助病人，父母希望帮助孩子。我有心想要帮助病人和孩子，但这样的用意却被周遭的负面影响所扭曲。身为家长，我被21世纪的教养压力带来的恐惧所左右，身为医生，我也会感到害怕，怕误诊，怕被病人讨厌，怕惹上官司。我必须彻底改变思考方式，才能彻底改变我的行动。我要了解我是有选择的，也必须回头检视自己想要成为医生和家长的初衷。身为医生，我必须重新下定决心，不管怎么样都要把患者的健康放在第一位。这是我的工作。缓解他们的焦虑、避免官司或跟他们做朋友都在其次。一旦重新找回初衷，我发现我和患者的沟通变得顺畅了许多。

我把这样的道理用在教养上，助益良多。只要我清楚认识到并忠于自己作为父母的初衷，也就是养出一个在人生各个层面都能蓬勃发展的孩子，而非局限在一条狭窄的道路上（例如考上某个学校或成为我最好的朋友），那么一切就会变得简单许多。我做决定时不用再苦苦挣扎，压力也减轻了许多。

当我将教养的初衷牢记，我觉得我已经准备好了，但实际上的表现却不一定那么尽如人意。我常常直接告诉患者或我的孩子们具体的做法，而不是引导他们发自内心采取行动。举例而言，大部分医生都希望患者有着健康的生活方式，要戒烟、注意饮食、多做运动。但是，有多少医生真正帮助患者做到了呢？事实上，有人说现代医学正在逐渐失效，因为肥胖、糖尿病、心脏病和成瘾症等糟糕的生活方式带来的疾病，正在以前所未有的速度夺走人的生命。

　　这是我身为医生最早认清的事实之一。我的患者几乎都过着不健康的生活，深受睡眠、运动均严重不足，压力过大和过于忙碌之苦。因此，我研究了该怎么帮助他们改变生活方式。我发现用讲的方式指导他们，只对20%（甚至还不到）的患者有用，这些人已经做好了要改变的准备。这表示80%的患者处于另一种"改变阶段"，人们时常称之为"思考前期"（precontemplation stage，否认或未知）或"思考期"（contemplation stage，已知但无行动）（更多有关改变阶段的介绍请见第九章）。所以对医生而言，命令和指导对多数人来说是完全无效的。跟病人说"你要戒烟、减肥、多睡觉、多运动"一点用也没有。父母也是一样，跟孩子说"别胡闹、专心一点、努力一点、态度好一点"一点用也没有。

　　对父母和医生而言，真正有用的方法就是引导。引导介于指导和不指导、命令和非命令、独裁和纵容以及老虎和水母之间。引导可以有好几种形式：给予建议，提供一系列解决方案，或者有时候只需等待对方自己恍然大悟，不过前提是必须在能够获得支持的关系中进行。引导也是人与人之间有效互动的基石，不管你是父母、教练、老师、老板、经理，还是任何需要处理人际问题的角色。逼迫、命令、紧盯、贿赂、恳求、哄骗，甚至以上策略全部加起来，都不会比引导来得更具有正面效果。

　　当我开始用引导的方式对待患者和子女，我告诉自己："我现在有了对的用意和对的方法，万无一失了。"错！我的方法或许可以用在某些患者和问题上,但并非一体适用。由于我是本地区少数专门研究青少年成瘾症与动机的医生之一,我发现青少年和他们的父母面临着越来越复杂、严重的问题。有时我觉得心力交瘁,开始怀疑自己的方法是否正确。某些难搞的青少年我可以应付,但不是每个人我都能搞定。我永远忘不了入行不久我辅导的一名15岁男孩,经过几个月的会面后,他愤怒地跟我说:"康医生,你是个笑话,跟你讲话简直是浪费时间。就连两个星期前刚搬来的邻居跟我打街头曲棍球都比你有帮助。"我感到五味杂陈。听到我的年轻患者能有突破,我觉得很棒,但我还是忍不住感到挫败。

再一次的,我想知道怎么样才可以影响他人,于是我走出医生的办公室去找答案。我越研究越发现,最后的答案极为惊人,但又完全可以预见。虽然我在直觉上知道这个事实,却将它埋藏在了我所掌握的科学技术之下。这个道理很简单,从我们内在真正的模样,就可以得知我们有多少影响他人的能力。最能有效改变他人一生的父母、治疗师、老师、教练和导师都有一样的特质。不管他们接受过多少训练,上过哪个大学或拥有几个学位,他们的真诚、同理心和善良造就了他们的影响力。对我而言,这是好消息也是坏消息。我觉得自己真诚、善良也有同理心,但想要百分之百发挥出来帮助病人还是心有余而力不足,尤其是难搞的青少年!

为了让真诚的自我和外在的行为能够产生更强的联结,我开始向患者展现出更多同理心,用小动作释放善意,展露更多微笑,认真看着对方的眼睛,把更多时间花在对他们来说真正重要的事情上,而非我自己计划完成的任务上。我下定决心要保持真诚态度,绝不说连我自己都不相信的话,因为这么做等于是自寻死路,尤其是面对青少年的时候,就算你用意善良、方法正确,他们还是能一眼看穿你的虚假。举例而言,我最终向一名愤怒的 15 岁男孩（和我自己）承认，他读的学校（"最好的"大学之一）并不适合他的个性。这所学校对他的个性来说太过严格和制式化，而且他说得没错，他的人生正在逐渐被"摧毁"，因为大家都否认这个事实。一旦我设身处地为他着想，我开始感受到他在这个体制之下有多受束缚，以及他累积了多少怒气，因为没有人注意到或承认他被困住了。我真诚和善地对他的进退两难表达出同理心，因为我感同身受，即使我这么说时他的父母对此很不满。我的同理心并没有让他放弃学业，像他爸妈害怕发生的那样，反而激励他过关斩将取得了学位，因为他终于觉得有人理解他了。我的同理心让他摆脱了恶性循环，不再一心只想着证明自己是对的。我的行动不仅帮助我展现出更多的真诚、善良和同理心，也让我变得更加真诚、善良和具有同理心。

教养也是一样。我听到过许多青少年说："对，我爸妈或许爱我，但我不觉得他们喜欢我或真正了解我。"这些个案的父母很可能没有对孩子展现出同理心。孩子只会感受到我们表现出来的样子，而非我们内心真实的感情、想法和用意。有些父母认为他们必须戴上滴水不漏的权威面具，有些则认为他们在孩子面前必须完美无缺。不过，父母要是从不显露内心深层的恐惧、担忧和弱点，孩子会误以为有这些情绪不恰当，甚至是不正常的。一旦失去真诚，亲子之间就会产生距离。

权威型教养的好处

海豚教养不仅仅是一种教养方式。正在阅读本书的你，可能会意识到教养的目的不仅仅是让孩子守规矩、得高分或是和父母感情好。教养更重要的在于培养孩子和世界建立健全的关系，包括社群、职场、伴侣、兄弟姐妹、子女、父母以及最重要的自己；培养他们成为世界不可或缺的一部分，坦然面对人生的起起伏伏，并将有限的生命做最好的利用；最后，培养他们以决心和努力迎接挑战，充分发挥热情与天分，对自己的成就感到自豪，不屈不挠并找到身心平衡。海豚的处世之道是一种哲学，一种生活方式。它不只是一种对待孩子的方法，也是和孩子相处的方式，能让你自在生活。它的目的不是把孩子变成某种样子，而是带出他们和你自己本来就拥有的特质。

海豚的处世之道来自直觉，不是需要学习的新东西。我们仅需唤醒自我或启发自觉。

我在前面第一章探讨过两种适应不良的教养模式：独裁型（老虎）和纵容型（水母）。只要想一想它们有多少缺点，带来了多严重的问题，你就会很容易选择海豚教养法。在两者之间找到完美平衡的教养法是权威型（是的，这个词很容易跟独裁型搞混），它也是海豚教养的核心。

在权威型的海豚教养法中，父母显然是权威人物（不是朋友、助理、直升机、奴隶或监工），这一点应该不令人意外。海豚父母会建立清楚的规定和准则，和孩子讲道理并回应孩子的情绪需求（而非要求、哄骗、贿赂和强迫）。他们对于管教的观念是肯定而非限制，支持而非处罚或蔑视。和纵容型的水母父母不同，海豚父母会按规则行事，不会让子女的坏行为过关；他们和独裁型的老虎父母也不同，不会吝于展现温暖的一面，并给孩子解释规则背后的道理。

权威型的海豚教养法有以下优点：

- 温暖的态度和实时的回应能帮助孩子形成安全的感情依附，避免他们将抑郁和焦虑等问题内化。
- 实施限制能降低孩子做出不良行为的概率，譬如攻击行为、与他人的冲突以及酒精、药物滥用。

- 沟通想法与感受能加强孩子的同理心、情绪管理和人际关系技巧。
- 对孩子在课业上的挣扎表示理解，能帮助他们成为更好的问题解决者和学习者。
- 鼓励孩子独立，有助于他们发展出自立和助人的能力，并拥有更健康的情绪。

对于不同教养模式的研究都显示出权威型教养能为亲子之间提供最正面的结果。与独裁型或纵容型相比，权威型父母养大的小孩较少会抑郁和焦虑，自尊心较强，被认为更加"利社会"与和善，生活质量也更高。美国一份研究报告指出，拥有权威型父母的大学生认为父母对他们的影响比同龄人对自己的影响更大。不仅如此，当整个社会都来践行权威型教养方式时，这种教养法能发挥最大效用！

要在独裁型的老虎和纵容型的水母之间取得平衡并不容易，但权威型教养是海豚父母成功的关键。海豚教养不只带来平衡的亲子关系，也让人生各个方面都平衡发展。唯有保持这样的平衡，我们才能蒸蒸日上。

创造平衡人生的艺术与科学

大自然会因为我们仰赖直觉行动而给予我们奖励。这些奖励会以复杂的神经化学物质互动形式出现。举例而言，脑内神经化学物质多巴胺一经释放，我们就立刻会感到幸福洋溢。我们做出行动，接收到多巴胺的奖励，就会被驱动想要再做一次。这是大脑正向反馈循环的基础，它的运作方式如下：做出有利于生存的行动→通过多巴胺途径得到正面奖励→感到幸福或喜悦→获得内在动力→想要再次做出有利于生存的行动。

物种为了生存才有这些生物机制，这种反馈循环让我们保持健康、继续繁殖。我要厘清一点：我指的不是非自然地引发多巴胺的行为，如吸毒和饮酒。有些人在自然的多巴胺释放机制失衡、无法正常运作时会依赖这些成瘾物质。这些物质危险的地方在于它们破坏了我们对健康的直觉，强迫多巴胺不自然地释放。举例来说，可卡因会引发大量多巴胺，让帮助我们生存的自然神经化学机制瘫痪。

当你做出一些负面行为时，这些反馈循环也会产生作用，像这样：做出不利于生存的行动→接收到神经化学信号，例如疲劳、压力和饥饿→感觉很糟→理解信号以改变行为→做出有利于生存的行动→通过多巴胺途径得到正面奖励→感到幸福或喜悦。但这些机制只有在我们倾听内在声音时才管用。若我们忽视信号，感觉就会越来越糟，直到最后发生严重问题，生存受到威胁。

身为父母，如果我们能帮助孩子保持自己的生物和正向反馈循环联结，我们的工作就会轻松很多，因为人类与生俱来拥有平衡和内在动力。没错，我们天生就有平衡感，会自然而然追寻健康与快乐。我们通常并非生下来就患有糖尿病、肥胖症或高胆固醇，也没有抑郁、焦虑、冷漠或缺乏动力的症状。大部分的宝宝，即使是那些生来病情就严重到足以危及性命（比如先天性心脏病）的宝宝，都会天然表现出喜悦、爱和好奇心。有时孩子们会由内而外散发出光芒，我只能用某种活力和精神来形容。所有孩子都拥有这样的光芒，我们都从自己的子女或其他小朋友身上看到过。

这种光芒有时很难在大人身上看到，但通常还是存在的。身为大人，我们在跟子女玩耍，完全沉浸在音乐或运动中，或是将壮阔的自然美景尽收眼底时，会看到和感受到这种光芒。动物也一样，这可能是我们如此喜爱宠物的原因。如果你曾看到过狗在野外奔跑，任风拂面而过，你就会明白我在说什么。

这种光芒会怎么变化呢？年复一年，我看着一个又一个孩子、一个又一个患者内在的光芒闪烁不定、暗淡朦胧，甚至熄灭消失。我曾问自己："孩子们内在的光芒是否本来就会消逝？这在人类的一生中属于正常现象吗？"我的第一个想法是："我们不能永远都当孩子，自然会长大成人。"但长大成人非得失去活力和精神不可吗？当然不是所有孩子或青少年都会失去生命的活力，很多人不但保有，甚至随着年纪增长变得更加活力充沛。这要怎么解释？这些闪闪发光的人除了平衡感之外，还拥有自信、好奇、创意、独立和重感情等特质；光芒暗淡的人则过着充满恐惧、焦虑、冷漠、疏离、抑郁、憎恨和自怨自艾的失衡人生。

许多常见的健康问题，比如焦虑、抑郁和成瘾的原因固然复杂，但往往都是基因和环境之间互动失衡所引起的（糖尿病、肥胖症和心脏病也是同样的道理）。我们目前还不能改变基因，但我们可以改变环境。如果我们改变了环境，就可以改变这些疾病继续蔓延的风险。我们越少接触到有毒害的生活方式、越常接触到健康的生活方式就越好，而且越早这么做越好。你如果治好了糖尿病、心脏病或心理疾病，但又继续接触已知的生活毒素，那很有可能会旧疾复发。举例来说，有糖尿病的人摄取糖，有心脏病的人摄取胆固醇，有心理疾病的人受到睡眠剥夺，都会导致旧疾复发的概率升高。与生活方式相关的疾病在发展中国家不断增加，显示出失衡的生活方式可能是人类有史以来最大的威胁。不过，不管你信不信，要对抗这个威胁很简单。但请记得，很简单不代表很容易做到。

治疗生活方式疾病的关键在此：首先，处理严重的失调以避免更多风险（可能包含药物治疗、手术或戒瘾等介入）。接着加强认知（通过教育和治疗），学习对的技能以改变生活方式，达到平衡。一旦状况稳定下来，也有了对的技能，便可以回到我们自然而然会依循的正向反馈循环，而且跟来自内在的信号产生更多联结。这比单纯治疗疾病的效果好多了。就像我之前说的，很简单，但不一定容易做到。

我的意思并非这些疾病都是我们自己造成的。虽然所有人都有可能患上生活方式疾病，但有些人天生比较容易患上其中某一种，即使跟他人过着相同的生活，患病概率就是比别人高。此外，人类一下子失去健康和活力的原因各种各样。有时童年受虐待或挚爱之人死亡等心理创伤会导致生活骤然失衡。有时罪魁祸首是糟糕的老板或老师。日常生活压力也经常是压垮我们的重要原因。一个快乐的童年有助于建立坚强的心灵，但心灵再坚强的人要是受到太大打击也有可能失去重心。我们的生活方式和身心层层联结，密不可分。我们必须寻找、注意和用心倾听身体传来的信号，因为一个小小的疏忽都会让身心衰弱而倒下。在数不清的医学相关领域，例如精神病学、心脏学和内分泌学，生活方式失衡已经成为患者数量迅速增长的主要因素。

身为家长，我们有责任帮助孩子通过平衡的生活方式建立坚强、富有弹性的心灵。海豚用直觉养育孩子，所以才能培养出这些特质。海豚不会强迫子女做任何事，而是引导它们走上正确的方向；海豚让子女经历错误所带来的自然后果并从中学习；海豚会设下安全网，让子女不受到伤害，但也会给予它们自我改正的机会；海豚大部分的时间亲切又大方，但也有自己的忍耐极限；海豚与子女顺从直觉，比人类更能清楚地听到大自然的声音，不会跟生物本能作对，因此很少像人类一样失衡。

海豚不仅比许多人类更能依照天生的直觉吃饭、睡觉和运动，在日常生活的各个层面也一样追随自然的直觉。人类在这方面严重不足，尤其是老虎父母。除了基本生存需求，人类也会因为做其他活动（令人意想不到的）而获得重赏。不同于某些说法，这些活动并非"奢侈"，而是生存必需，否则它们不会引发神经化学物质释放，让我们得到奖励。这些活动是适应和茁壮成长不可或缺的要素，能提高CQ，提升幸福感，激发内在动力。参与以下这些活动能够驯服心中的老虎，让生活达到平衡：

- 自由玩耍
- 勇敢探索
- 建立联结
- 全心奉献

好在我们天生就想去做这些活动，因为这些活动能给我们带来健康、动力、幸福、喜悦和活力等奖励。"活力"是持续活得有意义或有目的能力，给予生存和成长力量。活力不是少数幸运儿才拥有的东西，我们每个人身上都有。

坏处是如果我们忽视大自然的引导，不去做这些活动，生活就会失衡，跌倒受伤是迟早的事。我们会先失去活力，接着连幸福、喜悦、内在动力和健康都会一并失去。

还有人心存怀疑吗？有的话，问问自己，你怎么样会自然感到幸福和喜悦？你在一天或人生当中做什么活动会由衷地感到开心？你一开始可能想不太到，但仔细思考后，你会认同上述活动会为你的生活带来幸福感或喜悦。你有没有注意到我用的字眼是"幸福"和"喜悦"而不是"感觉良好"？购物血拼、喝一杯葡萄酒或吃一块巧克力蛋糕都能让你感觉良好，但幸福和喜悦维持的时间不会只是数分钟或数小时，而是在你回想起来时还能让你不自觉地微笑，而且不带一丝罪恶感或后悔（你现在知道为什么购物、酒精和蛋糕做不到了吧）。基本上，在你感到幸福或喜悦时，大脑会给你自然线索，告诉你该怎么做。对这一点我们毋庸置疑，因为这些结论都来自人类生物学。倾听这些线索，你就能实现自我。你的行为将决定你会成为什么样的人。

真正的成功：基于平衡与高期望

看完上面的活动清单你可能会想："我的孩子如果想要成功，才没有时间玩耍、探索、联结或奉献。"你可能觉得玩耍和奉献一点都不重要，想要跳过书里这几章，直接看怎么样才能让孩子上一流大学。如果这是你的目的，那么你绝对不会想要跳过这几章。你将在这几章发现怎么样可以建立坚固的内在控制点，怎么样可以真正从内在驱动人们迈向各方面的成功。

有些人认为只有通过失衡才能取得事业或财务上的"成功"。他们指出在各领域爬到金字塔顶端的工作狂都是牺牲睡眠、玩乐、友谊和利他行为才能到达那个位置。遗憾的是，对许多成功人士而言，"成功"感觉一点都不成功。这就是为什么我们会看到这一群人有那么多麻烦和疾病，包括抑郁、焦虑、心脏病、贪腐、成瘾、自杀和早逝。

还好有另一群成功人士真正体现了成功的意义。我们有时候可能会听到他们的杰出事迹和巨大贡献，但不太清楚他们私底下如何过着平凡而伟大的生活。这一群人得到真正的成功不是通过失衡，而是严守平衡，不管发生什么事。精英中的精英在各方面都是平衡的，他们睡觉、运动、玩乐、探索、建立联结、做出贡献，也充满内在动力。

由此不难看出老虎父母其实对孩子的期望值很低。他们并没有帮助孩子体现出成功在各方面的真正意义。老虎父母阻断了人类登峰造极的

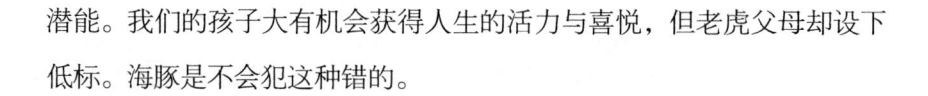

潜能。我们的孩子大有机会获得人生的活力与喜悦，但老虎父母却设下低标。海豚是不会犯这种错的。

各就各位，预备，开始！

我们已经充分了解21世纪的父母面临的两难境地，也知道什么是更好的解决方法，现在可以更深入地来探讨海豚之道。

好消息是我们一定能够改变我们的行为、我们的教养方式，甚至我们是怎样的人，不管我们年纪多大，有什么成长背景或根深蒂固的习惯。成人的大脑可以产生形式和功能上的转变，这一点在过去120多年来都是科学事实，但神经具有可塑性的证据直到近期才出现并形成定论。

我们的大脑里有超过1万亿条神经元联结。这些联结有的会形成习惯（有好的也有坏的），有的会形成有利的或自我设限的观念，还有无数条有可能出现但尚未出现的联结。也就是说，当神经元不断地同步发射，大脑会形成新的路径，启动化学变化，让联结更加紧密。就像森林里的步道，越常被使用，痕迹就越明显，越容易走，我们的神经元路径也是越常被使用就发展得越好。当我们重复某种行为，相应的神经元路径会发展出更多树突联结（路径变得更宽敞）和髓鞘（路径变得更平坦）。我们的习惯和行为就是这样来的，神经元路径长期下来铺设和使用的结果。行为改变，我们也会跟着改变。我们把精力投注在哪里，哪个地方就会发展。神经可塑性让我们有机会改变，过更美好的人生。

我们先来谈谈改变的历程。首先，我们会谈谈生存的基本原则如何为人生奠定坚实的基础，接着探讨老虎在21世纪欠缺的成功所需的关键要素。当我们知道了对的生活方式，我会再来仔细说明海豚教养工具包，以及如何使用它来加强权威型教养法。然后我们将回顾教养和生活的普遍目标：内在动力。最后想想看，以海豚之道养大的孩子会是什么模样，并以你自己的直觉作为教养指南。

在这个历程中，我们将重新和自己的直觉连上线，开始进行调整。我会引导你从管过头的老虎父母转变为以身作则的海豚父母。到了最后，你和你的孩子将会更接近健康、快乐和持久的成功。我怎么能这么肯定呢？因为我们人类的出厂设置就是拥有活力和喜悦的人生。我们天生就该这么做，只要顺从自然，不要背道而驰。

让教养找回平衡的处方

我每天在办公室不只开医药处方给患者，也引导他们获得生命的必需品。信不信由你，我会在处方笺上写下生活方式建议，像是"保证睡眠""健康饮食""运动""出去透透气"等。我也会写下鼓励的话和亲子关系策略，像是"发挥同理心""保持乐观态度""注重过程而非结果"，以及"过平衡的生活"。这些处方看似简单，但效果极佳！如同设定期限能帮助人们准时完成任务，这些睡眠、玩耍和运动的处方提醒我的患者，他们需要注意和照顾自己的身心以及生活方式。如果你睡眠或玩乐不足，我也会建议你多睡多玩。把这些事项当成处方一样写下来，能帮助你保持专注。有些处方是直白的命令，有些是强烈的质问，有些则包含三个部分：（1）提供有利环境；（2）为孩子以身作则；（3）引导孩子照着处方做，迈向成功。有时你需要的只是一个有利环境。

顺带一提，这些处方不只适用于你的孩子，也适用于你。你自己过着平衡的生活是以身作则引导孩子过上平衡生活的最佳方式（况且，你在失衡状态下也很难有效教养孩子）。我开给父母的处方如下：

1. **认清大自然的信号。**你的身体是如何让你知道自己失衡了？有些人会觉得困倦，有些人会失眠，有些人变得易怒，有些人变得精神萎靡，有些人以上皆是。你收到的信号是什么？

2. **认清你在不知不觉中可能患上哪些疾病。**如果你一直无视大自然的信号，哪些疾病可能会找上门呢？有些人患上的可能是生理的疾病，有些人患上的可能是心理的疾病，有些人身心可能都会受到影响。提示：我们往往有受基因的影响罹患某种疾病的倾向，想一想你的亲人们。

3. **认清哪些基本生存活动你可能做得太少或根本没做。**举例来说，想一想你每天睡几个小时，吃多少健康食物，做多少运动。

目前就先这样！在后面的章节中，你将会得到更多处方，让忙碌不堪的生活重新找回平衡。准备好了吗？让我们开始行动吧！

PART 03
身体力行

均衡发展造就

21 世纪的成功

第五章

打好基础为首要之务

我的患者史蒂夫是个赚了很多钱的银行家。但史蒂夫算是"成功"吗？他每天工作 18 个小时，极少见到他的孩子们，虽然他觉得自己"给了"他们很好的生活。史蒂夫一天睡 4 到 6 个小时，总是靠咖啡、可乐和酒精来补充能量。他的饮食习惯很糟，整天坐在办公室，很少起来运动，体重不断增加。史蒂夫发现自己变得很不健康，但他没有采取任何行动，依然工作至上。最后他患上了失眠，胆固醇和血糖升高，还因为久坐导致腰痛严重。经过了数月的失眠、痛苦、压力和焦虑，他的工作表现开始下滑。史蒂夫只好服用药物来度日。有一天，出差中的史蒂夫被人发现死在了酒店房间内，他的死亡报告中显示他的血液里含有过量的酒精和止痛药，法医无法判定史蒂夫服药过量是自杀还是意外。

从史蒂夫的死亡我们不难看出他的生活出了什么问题。然而，我们许多人每天还是在犯跟他一样的错误。我们处在一个有毒的文化中，逼着我们辛勤工作以获得生活必需品。我们的食物被污染，空气质量很差,长时间坐在烂椅子上,睡眠不足则是常态而非例外。我们为什么要过这么不健康的生活,还不合理地要求孩子照做?我认为一部分原因是我们虽然可以轻而易举地看到疾病的样貌,但对于什么叫作"健康"却懵懵懂懂。我们常常不知健康为何物,直到失去它。我们不会感觉到健康亮红灯了,直到疾病的症状开始作怪。健康"没有症状",一不注意就有可能离我们远去。我们为不同症状和疾病发明各种词汇,却少有词语形容健康和幸福。我相信健康的最佳定义就是平衡,不管是身心灵或社交层面。平衡为我们带来活力,因为健康不是只要不生病就好了。

海豚跟所有动物一样,最关心的就是生存。但人类很奇怪,虽然拥有高度智慧,却常常把一些不怎么重要的事情摆在生存前面,比如为了做作业而不去外面运动,或是网购到半夜不去睡觉。扭曲的优先事项排序深深影响了自然且健康的反馈循环。为了导回正轨,我们必须重新检视并了解生存的基本要素,将它们放在第一位。

这些基本要素对成人来说不可或缺,对大脑和身体都还在发育中的儿童来说更是至关重要。孩子的均衡成长需要一个均衡的环境。事实上,广为人知的神经可塑性(大脑在形式和功能上转变的能力)不能没有这些基本要素:睡眠、营养、运动,以及我所说的"正念"(mindfulness),也就是关注周遭世界的能力。本章的重点就在此:最容易被忽视的人类需求。

你不必成为医生就可以知道下面这些处方对你大有帮助,就算你没有生病也可以遵行。这些都是人类本来就应该做出的行为。但在我们更深入探讨海豚之道前,先来解决一些简单的问题。就像 IT 部门的同事在帮你处理计算机的疑难杂症之前,都会先问你接通电源了吗,我们也要先确认最基本的人类需求是否被满足,再来应付更棘手的状况。

迈向健康、快乐和真正成功的生活方式至少需要两个步骤:(1)摆

第五章｜打好基础为首要之务

脱不健康、不平衡的虎式生活，（2）多做一些海豚式（或平衡）的行为。或许摆脱老虎就够了，因为健康和平衡是人类生活的"原厂设定"。可惜的是，虽然我们拼命追寻，但还是没有神奇魔杖可以一挥就让我们变得健康，只有付出更多努力才行。如同《星球大战》中尤达大师说的："你必须忘掉你所学的一切。"以及："不要试。要么去做，要么别做。没有试试这回事。"

处方 1

给孩子一点空闲时间

每天帮孩子安排出一点休息时间，并利用这个时间让自己悠闲一会儿。别期望这件事会自然发生，你要让它发生。没错，你可能需要取消一些活动。

你的第一反应可能是"听起来还不错，但我的孩子很喜欢活动，不然他会无聊"或"我不觉得我的孩子有压力"。假如你在某种特定环境中长大，你会渴求这种环境，因为你只熟悉这唯一的一种。没错，你的孩子可能会要求做这个做那个，但这不代表他需要它，他可能只是不知道没有这些活动还能做什么。这不是好现象。即使他真的乐在其中，假如没有充分的休息时间，还是会感受到压力。跟崩溃、痛哭和焦虑发作一样，时时刻刻都需要激励是压力太大的征兆。就算我没有感受到压力，大脑还是会在我过度忙碌时发出警告，我想你应该也是。我自己的话会变得更加漫不经心，连预约看诊这种重要的事情都会忘掉！虽然看起来无伤大雅，却是大脑带来的压力症状，我们必须真正了解，"疲惫"的状态或感觉代表大脑出了状况。过度忙碌不只让大脑备受压力，身体也一样。一有压力，身体就会释放出皮质醇和肾上腺素等压力荷尔蒙。这些荷尔蒙在短期内或许可以帮助我们撑过忙碌的日子，但身体和大脑如果日复一日都泡在皮质醇和肾上腺素中，后果不堪设想。最后，请记住这种决定不应该由孩子来做。

当然了，在某种程度上，我们都希望自己处于忙碌状态，因为这代表我们很重要。老实承认吧，我们都很爱跟别人谈论、在脸书上发言，以及在博客上写文章说我们做了哪些很棒的事。对于那些"不怎么忙"的人，我们可能会认为他懒惰、没上进心或不重要，才会哪里都没被邀请，什么都没参与一把。不过，忙到不可开交、筋疲力尽且睡眠不足，并不是身份地位的象征，只代表你失控了。

处方 2

深呼吸，多留心

海豚不管到多远的地方，惹了多少麻烦或变得多忙碌，都会留意周遭环境并深呼吸。我们人类也必须记得，不管人生出现多么不顺心的事，都要冷静地吸气、呼气。

深呼吸能让我们解除"战斗、僵立或逃跑"的恐惧模式，感受到选择的存在。如果我们被恐惧驱使，罔顾周遭环境，别说获得健康和活力，连生存下去都很难。

要达到自觉和自我控制，适当的深呼吸是首要也是最重要的关键因素，这一点在生物学、心理学和现实中得到了一次又一次的验证！呼吸完全是本能，但深呼吸是自愿的，可以由意识控制。有意识地深呼吸能让扩张的肺里的接收器受到刺激，给大脑发送信号，告诉它我们没事。

我们深呼吸时，自主神经系统（也就是"战斗、僵立或逃跑"系统）会关闭，并意识到选择的存在。如果我们的呼吸很浅、很乱，会让二氧化碳累积，告诉身体我们要窒息了，必须做出战斗、僵立或逃跑的反应。如此一来，我们就会感到更加焦虑、慌张或生气。

在吃饭、工作、运动、社交或表演时深呼吸有两个好处。第一，让我们自然而然放松下来，降低焦虑和烦躁；第二，让吃饭、工作、运动、社交或表演都能控制得当。有了适当的深呼吸，我们面对的困境绝对会更容易迎刃而解。只要我们持续不断地深呼吸，在生理上就不会感到焦虑、慌张或愤怒。

引导孩子进行有意识的、适当的深呼吸，能让他们掌握一项一生受用的工具，以面对压力、低潮、焦虑、担忧、愤怒或失控情绪。这项工具将帮助孩子管理身心，用更清晰的思绪解决问题。虽然深呼吸有这些好处，但我每天还是看到孩子和家长不懂或忘掉这件事。

想要适当地深呼吸并不是每一次都很容易，特别是当你陷入焦虑、慌张和愤怒时。不过，就跟人生中很多事情一样，多练习就会上手。举例来说，即使过去十几年我每天都在谈深呼吸的好处，但还是不能保证时时做到。我知道它有多重要，但如果不能持续练习，我也还是感受不到适当深呼吸的力量。关键在于"持续"。很多人可能会说："我试过深呼吸，对我没用。"我过去也这么认为。单是几个深呼吸不可能帮助我渡过受伤、焦虑和愤怒等情绪难关。现在我很高兴地告诉你：如果你曾经因为情绪问题觉得失控，做几个适当的深呼吸一定能帮助你找回控制权。适当的深呼吸是人类天生具备的自我控制机制。你现在可能还不相信，但只要你开始练习深呼吸，就能改善人生。如果你继续练习，你会看到自己越来越能掌控人生，而不是让人生际遇掌控你。

想要保持规律的深呼吸，练习"正念"是绝佳方法。正念是一种主动、开放的专注于当下的状态。为了本书的目的，我将把正念当作一种"密切留意"的练习，也就是意识到我们的内在和外在环境。这个练习让我们跟外在的视觉、听觉、味觉、嗅觉、触觉以及内在的情绪和思考紧密联结。正念练习可以是简单地环顾四周，注意看看有什么，例如看着你的盘中餐，注意你即将吃下什么和多少食物；也可以是很简单地直视孩子的眼睛，注意你看到了什么：另一个生命正在寻求你的爱与引导。看着孩子的表情，听着他们说话的语调，你可以得到比数小时谈话更多的收获。

复杂的神经影像研究显示，正念能改善大脑结构。当我们集中注意力的时候，我们的大脑会释放"脑源性神经营养因子"（brain-derived neurotropic factor，BDNF），它是神经可塑性必要的关键化学物质。在我们一心多用时不会释放BDNF。所以如果你不保持正念，你会错过这些天大的好处：降低压力、排解恐惧、管理情绪、增强专注力、提高学习和工作时的记忆，提高人际关系满意度，改善免疫功能、道德、直觉以及认知弹性。身为一名医生，我想不出来还有什么方式比正念能更好地应对生活方式疾病。

我一开始也很怀疑我的青少年患者能不能接受正念练习，心想他们一定会觉得做这件事"很怪"而拒绝我的提议。令人惊喜的是，在我解释了什么是正念以及它可以带来的好处后，许多青少年患者开始变得感兴趣。在某种程度上，儿童与青少年比成人更相信自己的直觉，因为成人多半容易想太多也不够灵活。我的一些青少年患者参加了禅修、正念或瑜伽课；请教练或指导员在运动练习的前五分钟进行正念练习；下载关于正念的教学视频；订阅关于正念的电子报。许多人选择很简单的在一天之中"拔掉电源"几分钟，试着放松。也就是一天花个几分钟放下手边所有电子产品，清空脑袋中所有忙乱的思绪，把全部注意力放在呼吸这件事上。

很多家长告诉我："我的孩子绝对做不到。"但他们就是做得到，屡试不爽。不管是哪一种形式的正念练习，持续进行的孩子能得到最大效益。我看到很多孩子和家庭在面对行程满档时不再那么烦躁，更让人欣慰的是，有的意识到自己的行程过满，而做出了减少活动的明智之举。我看到他们的焦虑程度降低，心情拨云见日。我看到他们的睡眠、专注力和表现都大有进步，创造力也提高了，最重要的是跟自身、他人和世界有了更紧密的联结。正念有这么多好处是因为它帮助我们脱离自动驾驶模式，变得更充满活力和自觉，而正念训练最简单的方式就是深呼吸。

创造有利环境

我们身心放松时，自然会更留心内外状态和适当的深呼吸。尽量让孩子置身于可以放松的环境和事物中，像是新鲜空气、大自然和宠物。大部分孩子都会被这样的事物吸引，所以有时候你不用介入，只要让他们自己好好放松即可。

以身作则

让孩子看到你重视正念以及适当的深呼吸。每天练习几次放慢步调或深呼吸：吃早餐、开车、散步、坐在桌前、躺在床上或排队买咖啡时。当你觉得压力很大或生气时，试着在孩子面前适当地深呼吸，甚至请孩子帮助你做。如果他们看到你努力尝试，即使很难做到（而且你可能会过早放弃，照样惊慌或发火），他们还是会重视并努力去做。记住，我们处在压力之下会更难控制呼吸，所以才更要去做。

引导孩子迈向成功

向孩子解释深呼吸的好处和浅呼吸的坏处。举例而言,深呼吸等于对大脑说我们没事,浅呼吸则表示我们陷入了麻烦。在现实生活中看到浅呼吸的坏处时把它指出来。如果你的孩子看起来焦虑或愤怒,提醒他注意自己的呼吸模式(别忘了好声好气和发挥同理心!)。告诉他怎么通过调整呼吸来自我控制。你也可以跟他一起深呼吸。让呼吸协调一开始可能不容易,需要多加练习。帮助孩子用一致的方法深呼吸,直到上手为止。

正念练习

下面提供一个简单的练习,帮助你发展正念。试着做四到五组,观察你的身心如何放松。

- **平衡呼吸法** 吸气数四秒,然后呼气再数四秒,都是只用鼻子呼吸,这样才能增加自然阻力。你可以把时间拉长到六至八秒,但心中要记住一个目标:缓和神经系统并集中注意力以降低压力。关键在于缓慢的深呼吸。你的孩子可以在任何时间和地点做这个练习,但在睡前做特别有效,专治胡思乱想或焦虑导致睡不着觉的状况。

- **方格呼吸法** 让孩子用一根手指慢慢地"画"方格,同时深呼吸。先从左边开始,由下往上"画"直线,吸气;再往右"画"横线,憋气;接着往下"画"直线,呼气;最后往左"画"横线,憋气。这个练习让你在吸气、呼气之间刻意停顿。在考试前、表演前或任何带给你压力的场合试试这一招吧。你也可以配合格言或激励的话语来加强神经可塑性。这些话语必须真的能反映出你的焦虑但又不失乐观。例如,往上画时说"现在感觉好可怕",

憋气，接着往下画时说"但一切都会过去的"，然后再憋气。试试看，效果将会让你大吃一惊！

处方 3

喝水

海豚从食物中获取身体需要的水分，身体通过复杂的生物机制将海水滤出。水是维系我们生命的重要成分，人类却经常忽略这一点，许多人在日常生活中处于脱水状态。事实上，每三个人中就有两人水喝得不够。咖啡、茶、可乐、酒和饮料都不能取代水。其实咖啡因和酒精饮料具有利尿作用，也就是会促进排尿，导致身体脱水。

我们的身体每天会用到 3~4 升水以维持重要功能，像是调节体温、代谢营养，以及对关节、器官和组织产生缓冲作用。我们需要摄取充足水分告诉大脑我们没事，才得以进行其他生存活动。水能减轻烦躁、疲劳、精神不济和焦虑。脱水则会导致虚弱、晕眩、精神错乱和迟钝、心悸、行动迟缓和晕厥。

为什么会有人不喝水呢？有些人只是忘了，有些人只选择饮料，有些人则是为了看起来瘦一点，故意不喝水。我有一个病人参加完一场芭蕾舞试镜后因为脱水而晕倒。我问她为什么不喝水，以及她的父母知不知道她这种习惯，她回答："当然知道啊！我是因为我妈才想到在试镜前不喝水的。她每次想要穿上新礼服就会这么做。"

年轻人过度摄取咖啡因是个越来越严重的问题。人们对咖啡因的需求量相当大，你看看周遭有多少咖啡店就知道了！年轻人越来越早喝咖啡，也喝越来越多含有大量咖啡因的能量饮料。可以的话，尽量避免咖啡因（我自己也还在努力）。如果真的要喝咖啡，量要控制住：一天不超过200毫升，过了下午三点就不要再喝了。

保持身体水分充足很重要。如果你和孩子都处于脱水状态，你就无法好好教养孩子，你的孩子也无法冷静和平衡地回应你。快去把水杯倒满吧！

创造有利环境

试着把所有含糖饮料（包括果汁）逐出家门。我这么做之后，孩子们哀号了一个礼拜，但之后就没再提了。

如果你的孩子够不到水龙头，在水槽前摆个小凳子或儿童台阶。如果你住的地区不能喝生水，在家中准备足够的过滤水或矿泉水。让孩子带自己的水壶去上学和参加课外活动。

以身作则

你自己要喝水，并且在孩子面前喝。你一天应该喝八杯水。如果你顺应直觉，根本不必去算，只要在三餐之间觉得饥饿、疲劳或口渴时喝就行了。

引导孩子迈向成功

向孩子解释喝水的好处和不喝水的坏处。坏处发生时，将它跟喝不够水联结在一起（例如他烦躁的原因可能是脱水）；好处发生时，将它跟喝够水联结在一起（例如她可能在喝水之后感到更有活力）。如果孩子觉得累，问他是否可能脱水，并给他水喝。如果孩子看起来活力充沛，问他那天是否喝了水。跟他们解释含糖饮料会导致脱水，水才是最好的饮料。让孩子注意口渴的感觉，不然它可能会被误认为饥饿。

最后，我有一个听起来很恶心但非常有效的方法可以教导孩子养成及时喝水的观念。我既自豪又有点不好意思地跟大家说，我教小孩"尿尿学问大"。他们现在知道小便颜色太深代表他们需要多喝水，目标是让尿液呈现清澈的黄色。他们会监测和比较彼此小便的颜色，这其实是一个让他们看见"平衡"发挥作用的绝佳方式（这里的"平衡"指的是代谢平衡）。如果加上味道分析会有点更恶心，所以先就此打住吧！

处方 4

吃得健康

海豚和自然界的其他动物都很少有超重的。我们几乎不会在野外看到肥胖的动物。大自然为生物摄取营养创造了几近完美的调节机制。不过，我们有太多人因为吃得不健康，残害自己的身体。我们要吃健康的食物来告诉大脑我们没事，才得以进行其他活动。如果吃得不健康、不均衡，身体会变得失调，大自然也会向我们释放警报，像是饥饿、疲劳和易怒。如果我们一直置之不理，身体就会失衡、生病。

全世界的肥胖人口自 1980 年以来增加了一倍还多，这已经不再只是北美洲的问题了。和体重有关的疾病，像是高血压和糖尿病，世界各地患者都在不断增加。每三名成年人就有一人患有高血压，从而导致各种问题，包括致命的心脏病。到 2015 年，预估美国人将有 75% 超重，44% 肥胖。目前将近有 2/3 的美国人超重。听起来令人不可置信，但现在已经证实：超重问题导致的死亡是营养不良的三倍（撒哈拉以南非洲除外）。虽然儿童肥胖的比例比成人低，但在各地增加的速度非常快。

肥胖会导致多种疾病，包括冠状动脉心脏病、2 型糖尿病、癌症

（子宫内膜癌、乳腺癌、结肠癌）、高血压、血脂异常（高胆固醇或高甘油三酯）、中风、肝脏与胆囊疾病、睡眠呼吸中止症与呼吸问题、骨关节炎、妇科问题（月经不调、不孕症）以及焦虑和抑郁症。

厌食症、暴食症、以饮食失调的某些症状为特征的进食病例都在不断增加。摔跤运动员、体操运动员、模特和舞者、歌手、演员等表演者都比一般人更容易患上这些进食障碍。饮食失调影响着多达2400万美国人和全世界其他地区的7000万人口。这些进食障碍患者中有九成是年龄介于12岁到25岁的女性。在大学校园进行的一项针对女性的调查中，91%的人曾试图通过节食来控制体重，22%的人"经常"或"总是"在节食。虽然女性一般较容易患上进食障碍，但每天有超过100万的男性也深受其害。

厌食症和暴食症都和控制有关，只是方式不同。暴食症是一种失控的饮食习惯，在暴饮暴食和排便之间不断循环；厌食症通常是因为患者觉得人生失控而过度控制自己的身体。举例来说，童年受到性侵大概是一般人所能想象到的最失控的经历之一，它是所有进食障碍（以及许多精神疾病）的高危因子。完美主义的父母（也就是老虎父母）是另一个危险因子。

我们和食物之间的关系已经失衡了。我们已经创造了一个太多人位于正态曲线两端的世界。照这个速度发展下去，我们很快就不会有正态曲线了。身为父母，我们有责任悬崖勒马，教导孩子如何和食物建立健康的关系。

创造有利环境

把家里的垃圾食品清干净。可以的话，尽量用蔬菜水果、豆类和全麦食物为家人准备三餐。除了摄取营养，还可获得社交联结的额外好处，海豚都是这么做的。

规律吃三餐并在餐与餐之间准备点心。至少有一餐跟全家人一起吃。跟家人吃饭是获得未来健康与成功的绝佳途径。根据多个研究结果得出，一星期至少跟家人吃五次饭的孩子养成不良饮食习惯、体重出问题或对酒精和药物上瘾的概率更小。他们也比经常独自或在外吃饭的同龄人有更好的学业表现。

以身作则

让孩子知道你有多重视均衡饮食，并规律摄取四大类食物（全食）。在孩子面前选择健康的食物。甚至可以告诉他们你也很想吃一片饼干或一袋薯片，但你最后决定吃苹果或香蕉。如果他们看到你大部分时间都尽量吃得健康，就算偶尔破例他们也会知道你有多重视均衡饮食。

吃饭的时候好好坐在餐桌旁，关掉所有电子产品，看着食物细嚼慢咽，评论食物的味道以及外观。吃饭可以是充满互动和乐趣的，不是一项工作或不用脑的活动。

最后，问问自己是否把体形和自我价值画上了等号（请勇敢并诚实地回答）。如果答案是肯定的，试着改变想法。我曾听一位母亲说她女儿不喜欢舞蹈老师，因为她"太胖了"。其实女儿一点都不在乎舞蹈老师胖不胖，是这位母亲在乎。母亲在女儿面前这么说，等于在女儿心中埋下了一颗种子，让女儿以为可以用尺寸和体形来评断一个人的价值。我们要重视尺寸和体形，但别过度重视。如果你过度重视，试着为自己建立起平衡的身体形象观念，必要时寻求帮助。如果你对食物、饮食、尺寸和体形有健康的观念，你的孩子也很有可能如此。

引导孩子迈向成功

和你的孩子分享健康饮食的好处以及不健康饮食的风险。说明哪些食物为低热量并富含营养，像是水果、蔬菜和全谷类食物。

大部分人偶尔还是可以放纵一下，享用少量的高脂、高糖、高热量食物。只要你多数时间能选择让你维持健康和正常体重的饮食就好。想一想什么情况下你可能会吃得不健康，比如边看电视边吃东西，或看电影时一不小心就吃进太多爆米花和糖果。

处方 5

保持活力

海豚跟所有动物一样都很有活力。它们偶尔会跳出水面，有时会做出特技动作。科学家无法断定这些动作的目的何在，可能的原因包括观察水面上鸟类捕鱼的迹象来锁定鱼群位置，与其他海豚沟通，甩开寄生虫，或单纯为了好玩。不管原因是什么，海豚不会像人类一样静止不动。静止不动会让你体重增加。大人和小孩都需要活动。

在人类历史上的大部分时间里，我们都在自然中活动，而非坐在桌子前。活动会释放脑源性神经营养因子。心血管运动，像是任何能提高基本心率的跑动，都跟治疗抑郁和焦虑轻微症状的药剂一样有效。一周进行三次 30~60 分钟的运动能改善这些症状。运动也能提升读书效率和考试成绩，这可能是因为主导学习和长期记忆的神经元被启动而变得更活跃。不论是有更多血液流向脑部，还是更多的自然多巴胺、血清素和内啡肽被释放出来以改善情绪并提升专注力与记忆力，或更有可能以上皆是，规律活动都无可取代。

但有个重点要注意：在竞技体育中进行的运动对健康来说并不够；孩子们也需要休闲运动，像是散步、跑步、健步行和骑自行车。我有很多患者在体育竞赛中做了大量运动，但还是患有焦虑和抑郁症。为什么呢？当运动伴随着压力和过度竞争，心理效益就会下降。当孩子知道教练和父母正在评估他们，目的是要获得胜利或"表现更好"，而非活动筋骨、发泄精力或开心玩耍，他们就不会得到休闲运动带来的情绪提升的效果。海豚父母需要确保子女能够从事让人放松的运动。休闲"recreation"这个词由前缀"re"（重新）和词根"create"（创造）组成，我们通过休闲运动而非极度竞争的运动才能真正充电和再造。

创造有利环境

如今的父母必须更努力才能创造出体能活动的有利环境。现代社会的产物，像是汽车、电梯、手扶梯，尤其是"盯着屏幕的时间"，让我们活动的机会越来越少。无论如何，要创造出一种注重规律户外和室内活动的生活方式并非不可能，特别是对一有机会就想跑来跑去的小朋友。让全家一起完成简单的任务，比如园艺和家务。养一只活泼的宠物，例如狗，它将强迫你到户外。培养一些户外兴趣爱好，像是徒步、骑自行车、游泳、露营，任何能让你乐在其中的活动。在今日的世界中，最重要的是限制屏幕时间。

限制屏幕时间

如果你想让孩子尽可能多地参与体能活动，那就必须限制屏幕时间。每当我跟父母们谈运动这件事，最常听到的回应是："我家孩子动都不想动，只想看电视、上网和玩电子游戏。"事实上，这些欲望跟他们所处的环境有关，并不是他们天生不想动。特别是年幼的儿童，他们之所以会有屏幕时间都是因为父母允许。

据统计，年轻人平均每天花 7 小时 38 分钟观看"娱乐媒体"。一般美国青少年每年花 900 个小时上学，但花 1500 个小时看电视。

在儿童与青少年时期看太多电视会带来各种负面影响。一项经过测试的研究显示，幼儿看电视可能会导致后续的注意力问题。童年时期看电视的时间长短也和青少年注意力问题症状有关联。在控制了性别、儿童早期注意力问题、五岁时的认知能力和社会经济地位等变项后，结果依然是显著的。这些结果亦独立于少年电视收看行为。

除此之外，开着电视当背景的影响没有那么明显，但很深远，包括打断孩子玩耍。在一项研究中，12 至 36 个月大的儿童如果在玩玩具时父母在同一个房间看电视，儿童玩的时间会比不开电视玩得短。再者，儿童在玩耍时如果背景有电视开着，玩的形式会变得较为简单。虽然大部分电视节目儿童看不懂，可能也觉得无聊，但还是会反复吸引他们的注意，导致他们无法专心玩耍。不令人意外的是，电视打开时，成人跟孩子交谈的时间也比较少，亲子之间重要的沟通因此受影响。

我们无法控制电视播什么节目，或让电子游戏不要那么暴力，但我们可以选择买什么产品并控制孩子接触屏幕的时间。美国有 67% 的家庭玩电子游戏。大约三分之一有幼儿的家庭全天或大部分时间开着电视。美国家庭平均拥有的电视数量不断上升，从 2009 年的 2.86 台增加至 2010 年的 2.93 台。在 2010 年，55% 的家庭有三台以上电视，现在每个家庭的电视数量比人还多。家里几乎每一个房间都有电视和计算机，包括浴室和儿童房。

我以前跟很多父母一样，会用屏幕时间来带小孩，作为写功课的奖赏，让他们乖乖吃饭（我的孩子挑食到不行！），当然还有让我自己得到片刻的安宁。所以如果我这么做，怎么能怪孩子在无聊、要求奖励或放松时想看电视呢？

我们就老实承认吧，我们在家里的确是有掌控权的，无论孩子怎么大吵大闹。我们可以选择：（1）简单法。孩子爱看电视或接触屏幕就让他们去；（2）有效法。规定在家里就是不能接触屏幕，因为孩子在外面已经接触得够多了（很单纯，但绝对不容易做）；（3）折中法（我目前选择的方式）。设定严格的屏幕时间限制，无论如何都不能有例外。如果你选择（2）或（3），请用真诚的同理心和善意向孩子解释为什么要做这个决定。你可以说："我小时候也很爱看电视，所以我知道你很难接受。这不是惩罚。所有人都需要平衡的生活才能保持健康，你现在看电视跟做其他人生重要事情的时间比例已经失衡。在我们重新找回平衡之前，要遵守这些限制……"

当然，孩子一定会想尽办法让你破例，不过一旦他们发现"不行就是不行"就会停下来。你要重新拿回家里的主导权可能要花上一个星期左右，可能更长，也可能更短，这要看小朋友的状况，特别是你能不能坚持原则。一开始的几天可能会世界大乱，别在这个调整期预定重要的晚宴，因为孩子一旦察觉到你的压力，会趁机要求越线。只要你听从内在的海豚，人生就会少很多压力。

以身作则

让孩子知道你有多重视活动、运动和伸展筋骨。如果你不照顾自己的身体，孩子很有可能也不会这么做。能活动就尽量活动，简单的即可。运动不一定要报名参加各种课程或去健身房，当然如果这么做可以让你减轻压力，有何不可！不过，在人类历史上（直到最近），从活跃的日常生活中就可以达到该有的运动量。连我们父母那一代都比我们活跃，不需要特别排出时间运动，因为平常会走很多路。我做了几个简单的决定来让自己更活跃。能走路就尽量不要开车,找远一点的停车位,走楼梯而非乘电梯,每隔一小时就从位子上站起来伸伸懒腰。我告诉孩子们一整天都坐着不动的感觉太难受了。我开始带孩子跟我一起去看健康门诊。他们看到我趴着让按摩师调整我的背部,或是让针灸师把针刺进我的身体,会产生很强烈的视觉冲击,这就是年轻时不好好照顾自己身体的后果。最近我开始带我家老大跟我一起去上瑜伽课,在做动作、伸展、呼吸和练习正念时有孩子在旁边很棒。

引导孩子迈向成功

持续的信息传达、以身作则以及创造有利环境是引导孩子变得更活跃的基石。鼓励他们活动最有效的方式是以非批判的态度、善意和同理心解释为什么你希望他们这么做,以及活动的好处和不活动的坏处。你要做到坚定、充满爱和言行一致,绝对值得。

处方 6

睡得安稳

海豚如何抽出时间睡觉?它们是哺乳动物,一定要睡觉。另一方面,睡觉可能会让它们溺水或成为鲨鱼的猎物。所以海豚怎么在睡觉时不让自己陷入生命危险?很惊人的,它们睡觉时只有一半大脑在休息,而且一只眼睛是睁着的!半边的脑子保持清醒,让另外半边睡觉。利用这种方法,海豚能够浮上水面呼吸,同时注意周遭有没有掠食者。两侧的脑子轮流睡觉,每天可以睡上约 8 个小时。海豚必须担心那么多生存问题,但还是能安稳地睡很长一段时间,所以我们人类实在没理由剥夺自己的睡眠。

在十余年的执业过程中，我身为医生给过的最有效的建议就是强调睡眠的治疗和延年益寿功效。我跟许多人谈过睡眠的重要性，没有几千人也有几百人。我单纯通过引导患者睡得更好，让他们省了去医院接受一大堆心理治疗。

大脑功能想要达到最佳状态，需要神经元和相对应的构造保持稳定和井然有序。睡眠和梦（快速动眼期）就能达到这个目的。研究显示，睡眠和梦都能改善记忆力，协助稳定神经。快速动眼期尤其可以测试和加强脑回路，在儿童和青少年时期等脑部发展阶段最为频繁。

哈佛医学院的一项研究是让学生在睡前想一个他们试图解决的问题，结果发现为数众多的学生在梦里想出了全新的解决方法！在德国一项研究中，吕贝克大学的受试者先看别人示范如何解一道冗长乏味的数学题。接着他们有 8 小时的休息时间，有的人睡觉，有的人没睡。回到测试时，在休息时间睡了觉的受试者找出更简单解题方法的比例是没睡的人的两倍以上。当然，我们不需要任何研究就知道，人在经过一夜好眠之后总是状况比较好。

我们睡足之后会感到幸福，这个信号就是要我们重复同样的动作。但我们似乎忘记了我们有睡觉这一项生理需求。遗憾的是，筋疲力尽和睡眠不足对某些人来说已经成为一种很诡异的地位象征。如果我们睡得不安稳，身体就会发出警报，我们就会感到疲劳、注意力不集中和焦虑。要是我们不顾这些警报，身体会失调，即使有时间睡觉也睡不着了（也就是患上失眠了）。

在人体中，睡眠基本上调节……所有功能。睡眠不足会导致各种短期和长期问题，诸如：

- **荷尔蒙改变导致体重上升。**睡眠不足会让饥饿素失调，这种荷尔蒙会促进食欲和胰岛素分泌，是食物转为脂肪的部分原因。
- **表现和灵活度不佳。**我们告诉其他人在重要活动前"好好睡一觉"是有原因的。一个晚上要是睡不好，比如睡眠时间少了 90 分钟，白天的灵活度就会降低 33%。
- **记忆和认知障碍。**连续 24 小时睡眠不足的人，在测试记忆存储和操控的任务中反应时间会慢很多。
- **生活质量变差。**睡眠不足会导致长期问题，像是高血压、心脏病、心脏衰竭、中风、肥胖、心理疾病（包括抑郁症和其他情绪障碍）、注意力缺失（ADD）、精神创伤、胎儿与儿童生长迟缓，以及失眠。

没睡饱的学生严重处于劣势。睡眠对课业来说大有好处。在一项研究中，成绩得 A 和 B 的学生比快要不及格的学生早 40 分钟上床睡觉，多睡约 25 分钟。此外，周末熬夜越久的学生，成绩越差。这项研究同时也根据"充分"或"不充分"的睡眠模式来检视白天的行为、情绪和感受。每天晚上睡眠少于 6 小时 45 分钟的学生，以及比同龄人晚睡超过 2 小时的学生会在白天想睡觉，出现睡眠或起床行为问题以及抑郁情绪。

对于患有失眠和其他睡眠不足相关障碍症的人来说，好消息是只要通过教育和治疗，记忆和认知障碍问题就会改善，相关伤害与其他健康问题的数量也会下降。

以前，我见过很多人听了我对于基本生理需求的建议之后，脸上会表现出震惊的神情，我感到很意外。有一次，我告诉一位心脏科医生，他患上严重产后抑郁的妻子，其实只是需要一点睡眠。他原本想要让她飞到梅奥诊所进行"彻底检查"，包括做脑部 CT 和核磁共振。我评估了她的状况，发现过去 4 个多月来，她没有一次睡眠超过 4 小时。睡眠不足到这种程度会让人跟现实脱节。我请这位心脏科医生再等个几天，先不要急着把三个孩子留在家里带妻子飞到美国的另一端。经过四天好好睡眠之后，他的妻子虽然还是抑郁，而且需要治疗，但已经不会出现糊里糊涂和精神错乱的情况了。你一定会想，心脏科医生怎么可能不知道睡眠对生存的重要性，但我们整个社会就是存在如此偏差，就连我都需要不时提醒自己！

年轻人经常睡眠不足。美国疾病控制与预防中心建议 10 至 17 岁的儿童每天至少要睡 8.5~9.5 个小时。小学生每天需要睡 11 个小时，中学生则大约需要睡 9~10 个小时。少于这个数都算睡眠不足。

要是睡不饱，我们的脑袋既无法休息也不清醒。人处在疲惫和睡眠不足的状态下很难变得有创意、自动自发、尊重他人、负责任、独立或想要解决问题。

创造有利环境

一种坚定而不失灵活的日常生活习惯能帮你创造有利于睡眠的环境。试着让孩子每天晚上在差不多时间上床睡觉，早上也在差不多时间起床。不过要保有弹性。人类的生理时钟以 25 小时为周期，而每个人需要休息的时间可能稍微有点不同。举例来说，如果你的孩子习惯睡午觉，那就让他睡（但别超过 2 小时，和睡觉时间要间隔 6 小时以上）。如果你的孩子是个夜猫子，让他周末晚睡没关系，只要睡眠保持规律即可。

以身作则

你自己先要建立起健康的睡眠习惯和环境。没错，这也就是说不要做那么多会让你忙碌不堪的事情。

我治疗过的许多产后抑郁妇女都有睡眠不足的问题，而常见的原因不是她们的宝宝，而是其他"不做不行"的事。访客、社交媒体发文、打扫卫生和"形象管理"都占用了宝贵的睡眠时间。我们在产后会进入生存模式，这个时期我们一定要放弃完美主义。像是"我的天啊，你看起来根本不像生过孩子"这种评价不一定对你有好处。你的确是刚生完孩子，何必隐藏？你和你的家里本来就应该看起来像"刚生完孩子"。所以好好去睡一觉吧！

等到孩子大一点，如果你累了，让他们知道这是因为你没睡好。当你睡得很好时，让他们知道你感觉有多好。别像个睡眠不足的僵尸一样走来走去，不然孩子会以为这是正常现象而有样学样。

引导孩子迈向成功

向孩子说明睡得好的益处以及睡不好的坏处。把现实生活中的益处跟睡得好联结在一起，比如他们可能在睡饱之后度过了很充实的一天，或是在某个他们很看重的事情上表现良好；把现实生活中的坏处跟睡眠不足联结在一起，比如情绪崩溃、表现不佳或是社交不顺。

把所有电视、计算机和其他电子设备从卧室里移走，没有讨价还价的空间。卧室里有屏幕会让孩子养成一辈子的糟糕睡眠习惯。除此之外，屏幕发出的白光可能会过度刺激我们的视网膜，让能够助眠的褪黑素延缓分泌。有些新的电子设备使用蓝光来避免，但蓝光并非解决之道，把屏幕赶出卧室才是办法。

当处理和睡眠有关的事情时，我就会变得像虎鲸一样。我们家只要有人睡眠不足就会让家里变得乌烟瘴气。我立下明确的规矩和不睡觉的后果，适用于我自己、我的孩子、我的丈夫，还有我们养的壁虎（无一例外！）。我也花很多时间跟孩子解释睡眠的重要性。我甚至在他们每个人的房间里放了大脑模型。只要和睡眠有关的事都会让我变得非常坚持己见,但我也不是泥古不化。上次我才跟我的孩子们在睡前说(他们为什么总是在睡前玩得那么开心、看起来这么可爱?):

"我看得出来你们玩得很尽兴,但如果下一次还想邀朋友来家里过夜,你们必须向我证明你们真的了解睡眠有多重要。你们了解的话就会赶快去睡觉。"

有关青少年与睡眠

人的睡眠周期会在青春期发生改变。最初这个改变的出现可能是为了帮助青少年在向成人过渡的过程中可以适应夜晚的黑暗来狩猎、采集和保证安全。不管原因为何,青少年的睡眠的确会改变,要他们在晚上 9 点或 10 点上床睡觉很难。跟他们讨论出一个合理的上床时间,大部分青少年期望的上床时间是晚上 11 点或 12 点。接着跟他们一起恪守这个原则。如果这样无法让他们睡足 9~10 个小时,想办法找出其他时间补足,例如在白天睡个午觉。

如果你家的青少年在早上总是睡不醒,问他能不能把第一节课排成早自习,这样就可以睡晚一点。不行的话,问他能不能把第一节课排成他喜欢的科目(谁会想从睡梦中被拽起来去上不喜欢的课?)。鼓励他们放学后打个盹,但不要超过 1 小时,和睡觉时间要间隔 6 小时以上。周末让青少年睡个饱,对,睡到中午也没关系。如果他们睡得很沉,这代表他们的身心需要这些睡眠。

现在我们知道该如何生存了，那接下来要如何成长呢？

深呼吸、多留心、喝水、吃得健康、保持活力和睡得安稳都对我们的生存至关重要，这就是为什么大自然会在我们的身体内构建这些生存活动的正向和负向反馈机制。我们若均衡地进行这些活动就能生存。不过，我们要追求的应该不只是生存而已吧？答案当然是肯定的。我们还应该成长并感受生命的活力与喜悦。不只孩子可以，我们也可以，只要我们肯去倾听大自然传递给我们的信息。现在我们来看看其他能带来巨大回报的活动。找出内在的海豚，人生就能发光发亮！

第六章

玩乐是天性

19世纪20年代，英国人类学家格雷戈里·贝特森（Gregory Bateson）前往巴布亚新几内亚研究当地的拜宁族（Baining）。和拜宁族共同生活了14个月之后，他开始对这个研究计划感到"无聊"和气馁。贝特森觉得拜宁文化平凡无奇，没有什么成人礼、神话、故事、节庆或宗教传统，活动都是井然有序。举例来说，他们的舞蹈有一套严谨的规则，一定要按部就班进行。贝特森最后丧气地离开了巴布亚新几内亚。他表示拜宁族"不适合被研究"，因为他们讲不出什么生活中有趣的事。他也提到"他们除了乏味的日常琐事没有别的活动可言……过着一种'单调无趣'的生活。"

贝特森不是唯一一个下此结论的人类学家。40年后，人类学研究生杰里米·普尔（Jeremy Pool）去和拜宁族住了一年之后也得出相同的结论。显然，正是这次经历让普尔放弃了他的人类学博士论文，转而研究计算机科学！

贝特森和普尔这两个对研究文化有兴趣并受过训练的人都在恼怒厌烦之下放弃了对拜宁族的研究计划。他们的结论是拜宁族无聊透顶，没有什么值得观察的。不过，另一名人类学家简·法扬斯（Jane Fajans）从拜宁族身上得出了一些更广泛的结论：当玩乐的价值被贬低时，会对一个文化产生什么影响。法扬斯发现拜宁族认为玩乐和"幼稚"行为是动物的行为。他们相信人类不应该也不可以做出任何类似玩乐的行为，因此尽其所能遏制小孩和大人这么做。他们"平凡无奇的文化"以及"单调无趣的生活"被断定为是缺乏玩乐的直接结果。

我可以体会这些人类学家研究单调乏味对象的那种挫败感。这跟我面对来自极端老虎家庭的年轻人的经验很像。我总是很自豪能跟"任何人聊任何事"，但我发现要跟这些年轻人维持互动不容易，因为沟通很是困难。美国全国玩乐协会（National Institute for Play）创始人斯图尔特·布朗（Stuart Brown）在斯坦福大学大二学生身上也注意到了类似现象。12年来，他选取斯坦福大学一部分大二的学生在秋季上玩乐课程，接着参与为期两周的沉浸式领导训练。斯图尔特谈到这些学生和玩乐的问题时说：

> 我注意到这些学生一直以来都聪明绝顶，但随着近年来斯坦福大学的入学竞争越来越激烈，我也注意到他们的自主性被削弱了。和往年比起来，至少对我来说，我觉得他们越来越无法自然而然地感到开心。他们掌握了更多信息，好像有个雷达不断让他们把所有注意力都放在取悦教授这件事上。在我看来，除了几个例外，他们都患有慢性低度玩乐缺乏症，他们习惯了过于忙乱、高压、高效率的生活（虽然他们明明还是孩子），没有意识到自己在追求学业表现和成功的过程中失去了什么。

第六章 ｜ 玩乐是天性

不管年纪多大，玩乐都和大脑前额叶皮层的发展有直接关联。这个区域负责识别有关的信息、目标引导、抽象概念、做出决策、监控与组织我们的思想和感受、延迟满足，以及规划未来。前额叶皮层指挥我们最高层级的思考与运动。它是人在成长中大脑进化和发育的最后一个部分，直到 25 岁左右才完全发育成熟。

对所有动物幼崽而言，在玩乐上花的时间和小脑成长的速度及发育程度息息相关，小脑是整个脑部含有神经元最多的区域。除了动作控制、协调和平衡之外，小脑还掌管注意力和语言处理等关键认知功能。活跃的玩乐会刺激脑源性神经营养因子，激发神经成长。同时也促进之前没有联结的区域产生新的神经元联结。玩乐欲望对我们的生存来说至关重要，就跟吃饭、睡觉一样不可或缺。

想要培养四大 CQ 技能：创造力、批判性思考、沟通能力和合作能力，以获得 21 世纪的成功，玩是必要的。

不过，不是所有玩乐都有同样效果。我的儿子参加了足球队，一年中几乎每个星期都要去踢球。他会穿上队服、护具和足球鞋，在边界范围清晰、规整对称的球场上踢球。规则很明确，教练（或比赛时的裁判）会去实施。要是发生争议，大家会仰赖教练立即做出判决。加入足球队对我儿子来说是个精进球技的绝佳机会，但这个活动的本质相当正式，不太能让他在玩乐中培养 CQ 技能。

想想看，从事一项有组织的运动和以下活动有何不同。有一天，我的两个儿子跟其他四个邻居小孩一起在玩街头曲棍球。玩了一会儿，他们就腻了。有的想回家，有的想踢足球。经过讨论之后，大部分选择了足球。他们没有场地，于是用曲棍球杆和后院的杂物设置了一个球场：一辆旧自行车和躺椅当作其中一个球门，两棵树当作另一个。很快他们就发现了几个问题：这群人年纪不同，球技好坏不一，后院又是倾斜的，

127

很难"公平"地踢球，所以他们必须互相协调。由于坡上的队伍有自然优势，所以他们商定坡下的队伍可以多一名球员。男孩们谈好规则后，一边玩一边调整。偶尔我会听到一阵争吵声。但他们知道如果不好好相处就不能继续玩，所以会想办法解决问题。他们甚至踢完球后还会自己把场地清理干净。我不知道这群男孩的球技有没有进步，但我很确定他们运用了大量创意、批判性思考、沟通和合作技能。

有一些很古老的游戏能提供最丰富的经验。例如捉迷藏教孩子学会探索和自主选择，以及被重视和被找到的快乐。一开始他们因为能够自主决定藏在哪而感到兴奋和快乐，但随着时间过去，兴奋感逐渐消失，开始想重回群体。被找到之前他们会感到紧张，在被找到时获得缓解。他们就是在这一刻确认自己是被重视而且被爱的。这个游戏教会他们人际关系是稳固的，即使与他人分开，终究还是会重新聚在一起。

即使是玩腻了的游戏也可以和能带来欢笑尖叫的游戏一样有价值。孩子玩耍时，你常常可以听到有人说："不公平。"他们会自己去体验什么是公平，什么是不公平，也会发现谁可以信任，然后尝到不守信和不公平的自然后果。

斯图尔特·布朗说了一个有关美国加州理工学院喷射推进实验室（Jet Propulsion Laboratory，简称JPL）管理者的故事，显示出玩乐对孩子未来的成功有多重要。这些管理者注意到较年轻的工程师虽然成绩优异，来自顶尖大学，但他们不像较年长的工程师一样拥有问题解决能力和创造力。当他们追根究底后发现，较年长的工程师更会像孩子一样玩乐和探索，其中许多人跟小朋友一样特别擅长动手玩的活动。他们小时候是那种会把时钟拆开再装回去、用肥皂盒做赛车和修理设备的孩子。新世代的年轻人拥有很好看的简历，但很少这样玩耍。JPL为了雇用到会动手玩的员工，更改了面试流程，把有关求职者玩乐背景的问题囊括进来，进而提升员工面对和解决高难度工程设计挑战的能力。如同爱因斯坦说过的："玩乐是最高深的研究。"

如果你想让孩子变得聪明，让他们玩；如果你想让孩子能够控制情绪，让他们玩；如果你想让孩子具有创新能力，让他们玩；如果你想让孩子培养出团队精神，善于处理人际关系，让他们玩。你有没有注意到，我并没有说要"告诉"他们去玩，预约一个玩乐活动，开车载他们到处跑或付钱请人教他们怎么玩？如果你希望孩子能拥有智力健康发展中最重要和最有效的因素，你唯一要做的就是别插手，让他们玩。

通过玩乐发展 CQ

心理学家卡尔·荣格（Carl Jung）说过："我们欠富有想象力玩乐的债无可计算。"我再同意不过。玩是人类的天性。所有哺乳类动物都会花时间玩耍，即使在大自然中随时要面对可能被吃掉的压力。

海豚会玩海草、泡泡，做特技动作，发出口哨声、啸叫声，甚至跟人类玩。海豚经常会被"挚友"吸引，也就是拥有相似玩乐兴趣的其他海豚。通过玩耍，海豚学习如何跟同类以及周遭世界互动。它们利用玩耍来习得和演练所有必备技能，这样才能在广阔、多元又危机重重的海洋和河流中生存。海豚的游戏可能包含策略、竞争以及花大量时间发展捕猎和打斗技巧。在玩耍的时候，海豚似乎也会彼此培养感情、练习游泳技术和精进领航能力。跳出水面对它们来说是另一种游戏，或许也有为了未来而练习领航和捕猎的目的，不然就仅仅是为了好玩。

海豚和人类都是地球上最爱玩耍的物种。事实上，动物玩耍的时间和它们的脑部大小有强烈的正相关性。海豚的大脑容量仅次于人类，它们玩耍的时间可能比人类还多。

什么是玩？

我要厘清一下玩是什么意思。一般来说，玩可以分为以下两种：发散式（divergent play）和收敛式（convergent play）。发散式玩法没有组织，很自由，可以探索用不同方法去做一件事，而非找到"对的方法"。在探索的过程中需要发挥创意，发散式玩法没有绝对的答案；至于收敛式玩法比较没有创意，因为它有组织、规则或"正确"答案，例如某些电动玩具（并非全部），当然还有现代的乐高（我不想在这个话题上纠结下去了）。在接下来的这一章中，我谈的"玩"都是没有组织的发散式玩法。

玩有数不清的好处：

- **尝试错误**。玩是孩子第一次犯错和学习承受失败的机会。错误和失败让孩子可以再站起来试着把问题解决。尝试失败对于培养适应性来说很重要，能够适应才能把握成功的关键。
- **探索新知**。你觉得大人和小孩为什么在发现一个新玩具、一本新书、一部新电影、一次新体验、一个新朋友和一项新做法的时候会感到惊喜？很简单，人脑学习新事物时会释放多巴胺，让我们获得幸福或喜悦作为奖励。过渡期大脑（12至24岁）对多巴胺最为敏感，释放得最多，所以这个年龄层的人会"对新鲜感上瘾"。为什么人类大脑的运作方式会让年轻人想要尝新？对新事物的热爱促使年轻人尝新并引导他们探索世界。探索对于幼鸟离巢、年轻人开创新生活来说非常重要。
- **乐趣无穷**。乐趣是探索激情和缓解压力的关键，而这两者都是快乐的关键。

- **团队技巧**。玩乐教导孩子如何与他人建立关系，并帮助他们建立信任、分享和公平的价值观，这对人格发展和领导能力的培养大有益处。
- **创新创意**。玩乐包含观察、提问、实验、社交和建立人脉，这些都是发展 CQ 的关键活动。
- **应对挑战**。由于玩乐让我们想象、沟通、解决问题、实验、合作、尝试错误、跳脱框架思考和创造，它给我们提供了在 21 世纪生存和茁壮成长所必备的认知技能。

玩的形式

玩耍和探索让我们可以做许多事并轻松看待人生，用心探索内在和外在世界。玩耍总是让我们欲罢不能，经过好几个小时而不自知。这就是运动员所谓的"境界"和艺术家所谓的"心流"。玩乐是正念最有意思的形式。

玩乐协会将玩耍分为好几种形式。

通过身体动作

人类在渔猎采集时期经历了批判性思考和问题解决能力的快速成长。我们学会了在运动中思考，吸收和处理来自环境的大量信息，并做出适当回应。

运动和学习之间的关系十分紧密。身体一动，心智也跟着动。玩的时候跑、跳、转、扔和接的孩子会进行动作思考。全国玩乐协会的科学家认为"创新、弹性、适应和韧性都源自动作"。他们还相信通过身体动作玩乐能帮助我们认识周遭世界，准备好面对"不可预测和非比寻常的事物"。对我而言，这就是随机应变，小孩玩捉迷藏的意义因此变得大不同！

通过物体

我就知道我让儿子玩泥巴的直觉是正确的。事实证明，玩泥巴能学到的东西超乎想象！通过操控物体（例如敲锅子、打水漂和淘沙子），大脑会产生复杂的回路，鼓励我们去探索、评估安全以及利用物体特性作为工具。

玩不同类型的物体可以帮助大脑发展出来的能力不仅仅限于身体操控技能。举例来说，研究发现"在青少年时期不会自己动手修物品的人，成年后很有可能在具有挑战性的工作场合中缺乏解决复杂问题的能力"。例如，在高中做过模型和修过车可以帮助一名年轻人成为优秀的研究工程师。神经科学家弗兰克·威尔逊（Frank W. Wilson）在《用手塑造大脑、语言与人类文化》（The Hand: How Its Use Shapes the Brain, Language, and Human Culture）这本书中探究了儿童对物体的操控和高等认知技能（如问题解决能力）之间的联结。威尔逊认为人脑的演化和双手有紧密关联，而且通过自由探索实体环境可以建立强大的心智。

通过想象与角色扮演

通过想象与角色扮演，我们学到思想的力量。富于想象的玩乐能为脑部带来高度刺激，让直觉臻于完善。在没有其他事情需要分心的情况下，脑部当然运作得最强！当孩子进行想象力游戏时，他们的探索没有极限，脑子里会出现任何天马行空的点子、角色和情境。想象与角色扮演游戏不只对正常发展来说很重要，更是提升孩子认知弹性与创意的关键。研究显示，在儿童期拥有幻想朋友的孩子 IQ 较高，成年后也较具创造力。想象力丰富的孩子能够很自在地面对认知不确定性。他们能够"编造"出不存在的东西，让思考无限扩展至未知领域。跟所有游戏一样，想象力游戏帮助孩子培养重要的情绪和社交技能。事实上，所谓的同理心可以简单被定义为"想象对方有何感受"。

想象力游戏具有改造的力量。当我们想象出一个奇幻世界时，我们扭转现实生活，任由创造力带我们驰骋。要是爱因斯坦一开始没有想象自己用光速飞行，不知道会怎么样！在瞬息万变的 21 世纪，想象力是很稀缺的重要特质。没有了想象力，我们便无法创新或适应。

通过社交

人会跟其他人玩不只是因为好玩，还因为他们渴望被接受和得到归属感。社交游戏是归属感的重要来源。试想一个情境：一群同事一起工作多年，之前从未真正对彼此或公司培养出情感，直到他们在活动中一起"玩"，比如公司举办的球赛、郊外踏青和聚餐。社交游戏包含调和游戏、打闹游戏和庆祝仪式类游戏。

1. **调和游戏**。当一个婴儿第一次对着父母笑时，调和游戏便开始了。父母和婴儿对望时，亲子之间都会感到愉悦和兴奋。父母带着笑容，开始柔声说着儿语，婴儿开心地回应着父母。运用脑电图和其他影像技术的研究显示，在这样的互动中，婴儿和父母脑内控制情绪的右脑皮层会协调一致。

2. **打闹游戏**。打闹游戏教会我们推挤拉扯的界线、前后移动的平衡以及社会互动。如果你曾领养过一只出生没多久就和兄弟姐妹分开的小猫，你会注意到它在玩耍时会用力咬人，爪子也会完全伸出来。它这么做是因为从来没有在兄弟姐妹身上得到适当反馈，出手不知轻重。学龄前儿童跟小猫一样，通过拉扯、推挤、扭打和混乱动作来发展情绪控制和社会觉察能力。打闹游戏被证实为"发展与保持社会觉察、合作、公平与利他精神所必需"。事实上，打闹游戏最大的影响在于社会层面，它能帮助孩子编写和解读社交信号。

一些不参与激烈运动或比赛的孩子缺乏紧张控制能力，他们长大后难以控制暴力冲动。"特别是对男孩子来说，儿童早期的打闹游戏提供了一个机会，让他们学会情绪管理技巧以控制愤怒与攻击行为"。

给像我一样的妈妈一些建议：让孩子打起来吧，没关系。只要不打到见血，打闹对他们来说都是好的。再说，有了这些科学证据，于是我鼓励我的孩子（包括小女儿）玩扭打的游戏。一开始想让丈夫跟他们打斗很难，但我更无法忍受他们互打。一旦我深呼吸，让这件事自然而然发生，就会发现不管情况看起来有多糟，他们很少真的伤害对方。我注意到我的孩子只跟他们亲近的人摔跤打闹，像兄弟姐妹、亲戚和几个要好的朋友。甚至我自己有时候也会加入。我很讶异我们能拉扯、互踢和扭打，同时开心地尖叫（多巴胺大量涌出！）。

3. **庆祝与仪式游戏**。庆祝与仪式游戏教导我们如何维持社会形态。生日派对、假日节庆和运动盛会都是老少咸宜的庆祝与仪式游戏。我参加过几次印度人的婚礼，大家会一起唱歌、跳舞、花时间相处。这些活动可以延续一个月，有数百人参与。其他文化的人可能会觉得这样有点过了，但对许多人来说，这是一整个（真的是一整个！）家族和社群一起玩的机会。

讲故事游戏

遍览人类文化，还有什么活动比讲故事更普遍？孩子讲故事的时候会挖掘和练习人类最有力量的启发工具之一。在西方医学中，我们受的训练让我们相信科学而非故事。但一谈到动机，讲故事远比科学研究更有影响力。所以广告才会出现越来越多故事！讲故事帮助我们理解这个世界，学习人生课题，而且神奇的是，通过讲故事的方式，我们永远不会忘记学到的东西！我们的孩子必须能够写自己的故事，而非等着广告商和电影制片人替他们写。

不玩活不下去

尽情玩耍的感觉很棒，不管是小时候在海浪中嬉戏，还是成年后探索新的城市。大自然是如此坚定地要我们玩耍，所以一旦我们照做，它会毫不吝啬地给我们多巴胺作为奖励。这是什么道理？为什么玩乐和探索能够得到这么多回报？

玩乐有助于早期技能发展（就像小海豚通过玩耍来练习觅食），但玩乐带来的好处远不止这些。当一项活动能给予大量多巴胺作为奖励，又这么常见于各个物种，你就知道它对生存来说多重要。它重要到我都想在定制T恤和汽车保险杠贴纸上写上："不玩活不下去。"

为了进一步解释，容我带你进入老鼠的世界。研究员将一群老鼠分为两组，只让其中一组玩（对老鼠而言就是吱吱叫和推挤扭打）。不能玩耍的那组老鼠无法处理每一分钟的社会线索，在团体中不是太具侵略性就是太被动。当研究员在它们面前放一件新鲜有趣的东西时，它们要花上一段时间才会使用；当研究员在它们面前放一件危险的东西，比如闻起来有小猫味道的衣服，这些老鼠会马上躲进洞里，再也不出来。没错，再也不出来，就这样死在洞里！反观可以玩耍的老鼠：它们闻到小猫味道时，一样会躲进洞里，但之后会小心翼翼、提高警觉探索周遭环境，并开始再度对事物进行测试，最后冒着危险从洞里出来，过着幸福快乐的鼠生。

在玩乐的过程中，年轻人会发展出成年后需要的应对技能和创意。可惜的是，现在很多孩子就像那些不玩耍而死在洞里的老鼠一样，不知道该做什么，也不会解决问题。

许多科学家相信，若青少年的大脑在体验新事物时没有对多巴胺变得更加敏感，人类可能就不会在全球四处迁徙，甚至存活下来。搬离家园是人类发展过程中最难踏出的一步，但也是最重要的一步。这就是为什么成功独立所需的工具：玩乐（包括探索）和新鲜感（玩乐固有的一部分）最能获得生理上的奖励。

玩乐让我们适应环境，提供认知框架和弹性思考来面对任何状况。适应不仅仅是让身体演化得更有用，如同达尔文著名的雀鸟嘴的例子。适应的意思很简单：有能力处理当地环境的特定情况。身体上的适应可能要经过好几个世代，但智力上的适应是我们此时此刻可以掌握的，要不断地校准。其中的关键在于玩乐。玩乐可以说是让我们变得"越挫越勇"的工具，这种思考方式让我们在处理冲突和压力时保有幽默感（我们在第三章曾经谈过，根据乔治·维伦特的格兰特成人发展研究，成熟适应型人格和幽默是成人长期健康、快乐和成功的关键因素）。

本质上，玩乐提供认知技能，让我们能在儿童期和成年后适应环境。数十年来，治疗师用游戏来了解和帮助儿童患者。的确，游戏治疗这个领域已经被证明是治疗儿童创伤、注意缺陷多动障碍、焦虑和抑郁的有效工具。游戏治疗的目标是帮助孩子自主解决他们的问题，并根据他们的人格特质找出最适合的方案。游戏治疗的效果惊人。你不会相信他们在治疗性游戏中能吐露多少心声，这些都是谈话治疗中绝对不会听到的秘密或深藏在心底的想法。

我们都需要玩乐，大人跟小孩一样。这么多年来，我见过很多"拥有一切"的成年人，他们过着舒适的生活，拥有健康、财务安全和社会支持，但他们还是会抱怨"好像缺少了什么"。当这些成年人重拾玩乐，去上音乐课，在工作上遇到有趣的项目，上舞蹈课，打高尔夫球，旅游，园艺劳动，徒步或者单纯因为好玩去探索，他们会产生额外的幸福感。玩乐也帮助我们找到兴趣和热情。

玩乐人格

每个人都会用相同的方式玩乐吗？根据斯图尔特·布朗的说法，玩乐大致可以分为八种人格类型：说书人、艺术家、收藏家、竞争者、导演、探险家、小丑和活动者。这些"玩乐人格"并非绝对而且可以重叠。许多人可以享受其中好几种甚至全部八种不同层面的玩乐。早期玩乐为我们的自然优势和兴趣提供了重要线索。当我们依循这些优势和兴趣来玩乐或成长时，会得到多巴胺的释放作为奖励而感觉良好。为什么顺从自然的热情时，身体会让我们感到愉快？很多人忘记了物种生存的第二部分。第一部分是"适者生存"（具有适应的能力），第二部分是"物种多样性"。

我们需要所有玩乐人格都能像物种一样存活下来。在瞬息万变的环境中，要是生存受到威胁，谁知道解决之道会出现在艺术家还是收藏家的脑海中。面对复杂问题时，我们需要不同的玩乐人格互相合作、交换意见以找到答案。如果所有人都是工程师，谁来治疗鼠疫？如果所有人都是医生，谁知道怎么治水患？没有了说书人，谁可以把知识传承下去？没有了音乐家，我们如何建立社会联系？我们天生具有多样性，因为我们需要用不同的思考方式来应对千变万化的问题。玩乐带来幸福和愉悦感，引导我们追求各种兴趣，发展多样性。没有了玩乐，我们会失去多样性；没有了多样性，我们将无法适应；无法适应则存活不下去。

如你所见，我们天生就会玩乐以及追寻自然的兴趣。任何人如果被迫去做自己没兴趣的事，都是一种折磨。站在舞台上演出或许是某个人的梦想，但也可能是另一个人的梦魇。这就是为什么有的人想当艺术家，但有的人想当创业者、老师或工程师。不可能每个人都一样。大家有着各式各样的兴趣和天赋才是自然的事。我们很需要玩乐作为适应的工具，但对于要怎么玩乐以培养多元兴趣和技能是很有弹性的。

我们常常通过玩乐和自身的动力不经意发掘出热情与天赋。我们的热情与天赋不能由他人灌注或施加，就连父母也办不到。父母可以引导孩子发掘热情和天赋，但无法替孩子寻找或养成。

我的意思并非我们都应该根据我们的玩乐人格来决定自己的职业。不过，如果你做得到，你会是个喜欢自己的工作喜欢到不觉得自己在工作的幸运儿。对大部分人来说，现实是我们无法避免"工作"，只能尽量让兴趣和工作以及人生其他层面结合，至少不会对不起我们这一部分的天性。在小时候和成年后忽视玩乐的重要性，等于背叛了我们的天性和生物机制。如此一来，我们会变得失衡，也就失去了活力。

老虎摧毁玩乐

联合国人权事务高级专员认为，玩乐是每一名儿童的基本权利。但过去二十多年来，"儿童一周失去了8小时自由的、非结构化的、自发性的玩乐"。有好几种原因可以解释这个现象，包括"匆忙的生活方式，家庭结构改变，以及把重心更多转移到学业和课后活动上，舍弃了休息和自由的儿童游戏"。世界各地的学校都在把课间休息时间挤出来上结构化的课程。儿童花在有组织的运动上的时间增加到原来的两倍，户外活动时间减少了50%，被动活动（例如打电动）的时间则从1997年的30分钟，增长到2003年的3个小时。

你可以把玩乐不足想成是睡眠不足，这两件事对成年人都有害，但我们可以维持一段时间，因为我们（大部分人）的大脑已经发育成熟。对儿童和青少年而言，在脑部发育最快的时期睡眠和玩乐不足，可能对他们会造成巨大的伤害。

以越来越严重和常见的注意缺陷多动障碍（ADHD）为例，博林格林大学（Bowling Green University）的贾亚克·潘克塞普（Jaak Panksepp）和同事在研究了老鼠的游戏行为后，发现注意缺陷多动障碍和打闹游戏的缺乏有关。玩乐可以降低在额叶受损的老鼠身上常见的冲动性，此类型的大脑被认为是人类注意缺陷多动障碍的模型。潘克塞普和同事得出一个结论："'充足的打闹游戏'能降低额叶受损老鼠不适当的高度玩兴和冲动，……从事社交、喧闹的游戏可能是帮助患有轻微至中等程度的注意缺陷多动障碍的儿童控制冲动的一种方法（而且对没有注意缺陷多动障碍的儿童来说也有益处）。"

根据过去十几年治疗注意缺陷多动障碍儿童的经验，我十分同意这个理论。在家中和教室里被剥夺玩乐（特别是打闹游戏）的孩子经常出现对立行为，被贴上"行为失常"或"对立违抗性障碍"的标签，有时他们被形容为"坏孩子"。家长或学校对于这种行为的回应方式可能是剥夺更多的玩乐作为惩罚。结果就是这些孩子的大脑在不经意的情况下被迫以不平衡的方式发展。一旦他们变成青少年，这种不平衡可能会变成各种适应不良行为，包括自残、发脾气、抑郁、焦虑以及成瘾物质使用。

事实证明，缺乏玩乐可能会导致一系列悲剧。1996 年，一个名叫查尔斯·惠特曼（Charles Whitman）的美国前海军陆战队队员、得克萨斯大学工程系学生，带着一整箱武器和弹药，爬到了得克萨斯大学奥斯汀分校的中央塔顶端，射杀了 14 人，并造成 31 人受伤。警方事后才发现他出现在校园之前，已经先杀害了他的妻子与母亲。这起可怕事件让整个国家发出同一个疑问：他为什么要这么做？在调查了惠特曼的档案后，他的作案动机更加隐晦不明。他从未显现出任何暴力倾向，没有犯罪记录，而且曾是美国年龄最小的鹰级童子军（童子军最高级别）。

之前我提到过推广玩乐的精神科医师斯图尔特·布朗，他在成为这起大规模杀人事件的研究小组成员之后对这个议题感到好奇，他和团队研究了惠特曼一生的每个细节，得出一个有趣的结论。他们发现惠特曼的父亲暴力又专横，彻底摧毁了他的自然玩兴。布朗和他的团队得出以下结论：

> 一辈子缺乏玩乐让惠特曼没有机会乐观看待人生、寻求安慰或学习社交技巧，这些都是自发性玩乐的一部分，使人足以面对压力。专家委员会推断，缺乏玩乐是导致惠特曼犯下杀人罪行的关键因素。如果他在人生中能充分体验正常的自发性玩乐，他就能发展出处理高压情况下的技巧、弹性和力量，而非诉诸暴力。

布朗开始研究得克萨斯州的其他谋杀案。他调查的案件越多，一种趋势就变得越来越明显：凶手的玩乐经历与那些成长过程相似，但能够应付和发挥社会功能的人有很大不同。他们从小到大都被严重剥夺了玩乐的机会。

布朗最后广泛收集了超过 6000 人的玩乐史，发现玩乐被剥夺，长期下来可能导致许多后果，比如丧失生产力，降低创造力，以及患上轻微抑郁症。布朗的研究得到其他许多研究的支持，它们同样显示出抑郁症、压力相关疾病、人际暴力、成瘾症以及其他关系健康幸福问题，比如营养不良，都跟长时间玩乐被剥夺有关。相反的，成功人士往往拥有丰富的玩乐经历。研究也发现，若玩乐没有延续至成人期，人可能会失去处理情绪、社交和认知技能。

剥夺孩子童年时的玩乐让我变成了一种特别的海豚：虎鲸！当我内心的虎鲸浮现时，我会很强烈地感受到这项基本生存活动受到严重威胁。回顾我一开始为人父母那几年对于玩乐的态度，我对自己感到从未有过的失望。虽然从直觉上我知道玩乐很重要，但还是让内心的老虎横行无阻。还好我的三个孩子在我从事全职工作时接连出生，让我这虎妈分身乏术，所以他们还是有很多玩乐时间。我也请孩子们的祖父母提醒我"让他们玩"。我天真地以为一切都很顺利，因为和别的孩子相比，我的孩子已经算是玩得很多了。但当时我没有意识到整个社会对于玩乐的观念偏差太大，即使我的孩子玩得比别人多，也还是不够。我真希望能让时间倒流，或是能进入他们的小脑袋瓜，替他们把神经元联结起来，但我做不到。不过，我现在极力捍卫玩乐这件事，如果任何人试图阻挡我的孩子玩耍，我会像虎鲸一样咬住他不放！

幸好大自然宽容大度，改变永远不算晚。来自实验室的证据显示，玩乐不足跟睡眠不足本质是一样的。根据研究，如同补觉一样，被剥夺玩乐的动物会找机会补玩乐。研究还显示，如果重新实施课间休息，孩子会迅速恢复活力，在学校表现出更好的行为。当我们终于能够好好玩耍的时候，我们的大脑会感到乐观和具有创造力，更有可能再度接纳新事物，并不断挑战和推动能力的极限。

让我为你和你的孩子开几个玩乐处方吧。当然了，第一个处方是重获平衡。

处方 1

摆脱过度保护的老虎

过度保护的老虎不给孩子探索的机会。他们监控和指挥孩子运动、读书、学音乐和参与其他活动，无视孩子天生就想自由玩乐和探索的欲望。过度保护阻碍孩子成为 21 世纪健康、快乐的成功人士。

想要摆脱过度保护的老虎很简单，只要给孩子（和你自己）一点自由空间。玩乐需要身体上的自由，可以搞得脏兮兮，看看拐角处有什么，然后沿着街道继续探索。它也需要不断尝试和失败，犯傻、说错话和做错事。如果你总是追求完美，就没有这样的自由空间，无法体会自由玩乐的喜悦和益处。我要告诉所有不完美的人：完美主义是很糟糕的东西，阻碍我们进步和快乐。所谓的"完美"难以达到，所以让人灰心沮丧又充满挫败感。完美主义不容冒险、犯错和玩乐，但这些都是迈向成功的关键所在。完美主义者总是觉得自己做得不够好，无法受到激励，难以完成一件事，甚至让自己筋疲力尽。

完美主义源于恐惧：害怕不完美让自己不被接受或被爱。但事实正好相反。"不完美"让我们变得真实和完整。

处方 2

打造有利于玩乐的环境
（别妨碍我！）

过去，父母并不需要特别用心去打造有利于孩子玩乐的环境。常常只要打开家门就好。现在的孩子习惯玩闪闪发亮、会说话的定制娃娃和模型车，超现实的电动玩具，以及附上详细步骤的乐高。容我提醒你一点：孩子喜欢玩耍，不必花半毛钱，不需要一堆东西，也不用特别教什么步骤，这件事自然会发生。玩耍甚至不需要玩具。作为商品的玩具可能只会妨碍"玩"这件事。一般来说，玩具越简单（通常也越便宜），玩法越多。居家用品、旧衣服、一根棍子，或是孩子在外面找到的任何东西，都是理想的玩具。

有趣的是，自由玩乐其实需要孩子更专注、父母参与更多，是真正地参与，不能刷手机。当孩子进行一项非结构化活动时，父母和孩子必须在智力和情感上都参与其中，否则玩不下去。小朋友可以不用准备，说玩就玩，但参与的父母需要先收拾一下。

还有一些其他重要因素可以帮助你打造有利于玩乐的环境:（1）限制屏幕时间（这一点我们在第五章讨论过），（2）不要让家庭作业和玩乐相冲突。

处方 3

留心家庭作业

过去 20 年来，小学生的家庭作业量持续增加。但这么做有道理吗？美国自 1987 年以来进行的研究显示："家庭作业成绩与学习成果测评或科目之间没有必然联系。"因此我们必须自问，为什么不让孩子花时间从事一项经证明能增进大脑发育的活动，而要强迫他们去做一件被证实没多大用处的事呢？

如果你的直觉告诉你，家庭作业出得并不是很用心，只是为了让老虎老师感觉良好，或让学校排名进步，你很有可能是对的。问问自己：做那么多家庭作业是在帮助还是抑制孩子的整体成长？如果你觉得没有帮助，甚至反而造成伤害，看看有没有办法能让作业变得有意义、有趣或好玩一些。一项家庭作业要怎么和 CQ 做联结呢？我们能利用作业让孩子理解看似抽象的概念竟然可以改变人类的生活吗？举例来说，数学概念可以用来解释家里的购物清单甚至是失业统计数据。

依我所见，很多家庭作业是 19 世纪教育体制留下来的产物，在很多层面已经和 21 世纪脱节。那种家庭作业不但冗长、无聊、让人对学习失去兴趣，还占用了宝贵的时间，无法进行真正能提升脑力的活动，比如说玩乐。发挥一下你的观察力和直觉，孩子做功课时有什么表情和行为？是否难度太高伤害了孩子对学习的兴趣？是否难度太低，让孩子觉得没挑战性？孩子的学习如果处于"挑战区"，效果最佳，既不会太简单，也不会太难。有一点挑战可以鼓励他们解决问题并有所收获。家庭作业可以很有好处，但它只是儿童学习的诸多方法之一。最好的学习应该是好玩的、基于现实生活的、能够尝试错误而且可以实际操作的。这听起来不就是玩乐吗？

处方 4

以身作则，重视玩乐

许多体质人类学家认为，人类是所有物种中最有可能把孩子气这一特质带到成年期的，这是一件好事！这代表我们可以继续玩耍。你应该玩耍，特别是在孩子面前。如果你平常玩得不够，那就重拾玩乐吧。上音乐课、舞蹈课，规律地从事一项你喜欢的运动，做园艺，徒步或单纯因为好玩去探索都行。重点在于让孩子知道你也重视探索、玩耍、创意、尝试错误以及享受乐趣！

处方 5

寓玩乐于大自然

小时候，我通过好奇心和在自然中玩耍培养了专注力。长大后，我们虽然不住在美丽的大自然中，但我拥有一个有泥土的小后院，夏天会出现很多虫子，冬天则下很多雪，还有几棵瘦骨嶙峋的树，几只悠闲散步的鸟（乌鸦），一望无际的天空，以及四季都吹拂着的微风。我有这样的自然环境就足够了。几乎所有孩子天生就对自然有好奇心（在老虎搞破坏之前）。你觉得为什么一个号啕大哭的宝宝当把他带到户外时就会停止哭泣？大部分孩子都爱大自然和它所包含的一切：动物、树木、白雪、沙子、波浪和新鲜空气！

我没有虎爸虎妈阻挡，所以可以顺从自然的好奇心，在外头待上很长一段时间，尽情看、听、闻、尝（没错，我吃过很多雪）和摸周遭的一切。可能很多人在成长过程中也有类似经验。当时我们并不知道自己在"户外玩耍"的同时也在微调外在和内在感官并开发直觉。真正的玩乐，也就是"玩到忘记时间"是正念的一种形式。当我们投入在玩乐中，特别是身处大自然，会进入一种类似禅定的状态，获得各种相关效益。只要有草地、泥土、虫子、白雪、新鲜空气、树木和鸟儿，我就可以冥想数小时。当然了，这种行为不可能持续一辈子，但我的直觉一直告诉我要走到户外看看草地、闻闻泥土、听听树叶沙沙作响和鸟儿的啁啾声，让微风拂过脸庞，尝尝新鲜空气。我喜欢走到户外，特别是当我感到失衡或失调的时候（但这件事多年来被我忘得一干二净）。待在户外能帮助我注意到大自然传递的信号并据此行动，不会等到它们变成警报。现在我知道这一点了，也会身体力行。我尽量每天走到户外一次，最好是独自一人散步，不要因为其他事分神（也就是不要用手机）。哪怕只有5~10分钟，那也足够了。这个练习和瑜伽，都是能让我专注的方式。

　　带孩子走进大自然是一个让他们尽情玩耍并能提高专注力（以及健康、快乐与主动性）的绝佳方法。理查德·洛夫（Richard Louv）在他2005年出版的《林间最后的小孩》(Last Child in the Woods)一书中提到"自然缺失症"（nature deficit disorder）的概念。我深信人是有可能得这种病的。虽然这不是医学上的疾病，至少目前还不是，但我自己和患者的经验都让我认定待在大自然中的时间不够长会导致各种儿童问题。事实上，不少研究显示，户外活动时间和我们的身体、认知以及情绪发展有关联。研究显示，享受公园、沙滩、湿地或森林等自然环境，可以降低血压，减少焦虑，缓解压力。接触自然还能帮助改善睡眠，增加"朝气蓬勃的活力"，甚至提高免疫力。

　　如果说运动对我们大有好处，那从事户外运动更是好处多多。2008

第六章 | 玩乐是天性

年，格拉斯哥大学（Glasgow University）的研究员通过科学研究证实了这一点。他们检视了运动在自然以及非自然环境中对心智健康的影响，观察在室内和户外进行散步、跑步和骑自行车等体能活动的受试者。他们发现，在户外运动的人大脑压力水平较低。户外锻炼的人在心理健康方面也比室内锻炼的人提高了近50%。这种改善主要针对的是不太严重的心理健康问题，如轻度抑郁和失眠。

身处自然让人感到活力充沛。罗彻斯特大学（University of Rochester）一系列的研究发现，身处户外能激发活力，"超越体能活动和社交互动所带来的影响"。研究项目主持人理查德·瑞恩（Richard Ryan）指出，"研究显示，较有活力的人不但对于想做的事更有精力，身体病痛也更容易恢复。获得健康的途径之一可能就是花更多时间在自然环境中。"

我问我的患者贾思明每周花多少时间在户外。这位芭蕾舞者患有"从来都不知道该怎么做"的焦虑症，总觉得自己要喘不过气来了。她一开始用狐疑的眼神看着我，我猜想她可能觉得这个问题跟她毫不相干。但我请她配合我，算算看自己每周在户外待了多少时间。她花了几分钟计算，然后带着有点绝望的表情问："坐在车里，但窗户是打开的算不算？""不算。"我回答。"好吧，"她说，"星期一到星期五大约总共一个小时，周末可能会有一个小时，所以一个星期下来算是有两小时可以呼吸新鲜空气。"贾思明住在郊区，她从家里走到车库，然后坐车到学校。基本上，她能接触到大自然的时间是星期一到星期五从妈妈车上下来走到学校（以及妈妈来接她时走回车上），还有进出家门的这段时间。这根本不够！她要运动只能趁芭蕾舞练习和学习之间的空当在室内完成，常常忙到必须在车上吃饭和做家庭作业。贾思明的生活太忙碌、太结构化，也太不用心。她会感到喘不过气是因为她被父母制造的泡泡包了起来，没有什么机会可以在自然中探索，开发和培养直觉，顺从好

147

奇心和运用五个外在感官,但这些都是"知道该怎么做"和怎么去适应的必备条件。

不用"排进"日程,去玩就对了!

你不需要在生活中专门给孩子安排玩乐,或特别空出时间陪孩子玩。玩乐很容易融入日常生活。举例来说,早上刷牙可以变成一场细菌"坏蛋"和牙膏"英雄"之间的战争。穿衣服可以变成一场奥运竞赛,穿得最快的可以获得奖牌。在排队或等红灯时,我和孩子常常玩一种叫"联结"的游戏:随便挑三样东西,想出它们之间可能的关系。就连监督家庭作业都可以变得很有趣。有时我会戴上眼镜,假装我是邪恶的"坏坏老师"。如果孩子题目没答对,坏坏老师会发出得意的笑声,让他们觉得很滑稽。要是答对了,坏坏老师会深受打击,大发脾气,一样让他们觉得很滑稽。

除了这种日常生活玩乐,你也可以鼓励孩子玩乐以了解他们的兴趣。柏拉图曾说:"跟一个人玩一个小时比跟他对话一整年更容易了解他。"我喜欢问孩子:"有没有什么你想试但还没做过的事情?我在你这个年纪的时候,常常骑自行车到商店,帮忙做早餐煎饼,管理自己的零用钱,玩木头、泥土等。你觉得做什么事很好玩?"我很意外我家大儿子说他想"打一颗蛋",小儿子说他想做玉米片和奶酪酱!

由于很多人觉得自由时间很浪费时间,我经常需要提醒家长确保孩子有时间"放空"。我有一名年轻的抑郁症患者,他跟我说他在户外比较放松,所以我建议他的母亲让他有时间可以到户外放空一下。你猜他的母亲怎么回答?"我让他到外面干吗?站在那里看天上的云,而不是把这个时间拿来学习吗?"同一个月,我有另一个转诊过来的注意缺陷多动障碍患者。我问她有什么困扰，她说："我的老师注意到我上课总是不专心，会一直盯着窗外的云朵。"经过评估之后，我的结论是这个小女孩根本没有注意缺陷多动障碍。她只是被过度保护而且忙到没有时间到外面盯着云朵看而已！

玩乐中的 CQ 发展因子

杰夫·戴尔（Jeff Dyer）、赫尔·葛瑞格森（Hal Gregersen）与克莱顿·克里斯坦森（Clayton Christensen）在划时代的著作《创新者的基因》（*The Innovator's DNA*）中整理出世界上最优秀的创新者会做的五种行为。值得庆幸的是，这些行为（我所谓的"CQ 发展因子"）都是孩子一有机会就喜欢做的事，它们本来就是玩乐的一部分，不需要什么特别训练！

第一个 CQ 发展因子：鼓励观察

孩子可以花很多时间看一件事情如何发生，这件事通常简单又平凡。不管是把一堆沙子从一边移到另一边，看着水在排水沟中流动，还是盯着一排蚂蚁走路，他们都在观察。孩子仔细观察周遭世界时会得到洞察力，刺激他们想出新点子、新做法以及联结事物和想法的新方式。

如果孩子被逼着去参加一个又一个结构化的活动，哪来的时间观察世界？如果有人不断告诉他们该怎么做，他们怎么有能力观察事物如何自然发生？如何发现让他们感兴趣或感到迷惑的事？以及如何满足他们的好奇心？

第二个 CQ 发展因子：鼓励发问

想要发展批判性思考能力最好的方式之一就是问大量问题。想想达·芬奇，他可以说是史上最具创意的批判性思考者，对学习的渴望永无止境：

> 我漫步在乡间，寻找我所不解的答案。为何山顶上的岩石里会有贝壳以及通常存在于海洋的珊瑚、植物与海草的痕迹？为何打雷之后雷声会持续那么久，以及为何一打雷便可看见闪电，但雷声需要隔一段时间才会传过来？为何将石子投入水中会在落点出现一圈圈的波纹？为何鸟儿可以在空中飞翔？这些问题和其他奇怪现象在我的生命中一直占据着我的思绪。

孩子们总是能够自然而熟练地提问，他们自在玩乐和探索时就会冒出问题。"为什么天空是蓝的？为什么草是绿的？为什么太阳从一边升起从另一边落下？为什么你要去工作？为什么人会死？为什么？为什么？为什么……"

什么问题都要问的孩子拥有挑战现状和突破界线的热情。创新者拥有所谓的高"问答比"（Q/A ratio），"也就是在典型的对话中，问题（Q）不仅多于答案（A），而且被重视的程度至少和好的答案一样高"。我认为富有批判精神的思考者也是一样。事实上，我认为公平地说，除非你是一个批判性思考者，否则你不可能成为一个创新者。

过度安排行程、记忆力训练和永无止境的练习都会扼杀孩子问问题的能力。害怕犯错也会。如果你害怕犯错或担心问问题看起来很蠢，你就不会问了。

经研究证实,提出正确的的问题,已经在科学、商业、科技等领域和全球解决方案上带来了重大突破。但在这个世界中,为什么考试成绩和对的答案仍被视为智力的关键要素?我曾听一位教授说:"现在当教授很简单,因为学生都不问问题了!"

第三个 CQ 发展因子:鼓励尝试

所有动物都通过尝试错误来认识这个世界。我相信第一只把海绵套在喙部在海床上搜寻食物的海豚一开始也是不得要领,但最后却因自己的发明而欢喜不已。尝试错误对孩子来说也很重要,通过新的经验他们可以学到:(1)自己有没有能力做到某件事,(2)怎么样才有办法做到,(3)有没有喜欢到想再做一次。还记得苏斯博士(Dr. Seuss)《绿鸡蛋和火腿》(*Green Eggs and Ham*)的故事吗?山姆不屈不挠地说服他的朋友尝尝绿鸡蛋和火腿。他邀朋友在箱子里和狐狸一起吃,在房子里和老鼠一起吃,在船上和山羊一起吃,但这位朋友怎么都不愿意尝试。山姆一直没有放弃,最终成功说服朋友试吃了绿鸡蛋和火腿。没想到,朋友竟然发现他很喜欢吃绿鸡蛋和火腿。

显然,尝试需要试错,这就意味着会犯错甚至失败。尝试和犯错教孩子找出方法和成功的步骤。通过错误和失败,孩子会学到不是每件事做一次甚至十次就能成功。错误给他们一个停下来评估现状的机会,思考该怎么改变才能在下一次成功。

伴随着尝试而来的失败根本不算失败,而是迈向最终成功的学习契机。举例来说,爱迪生发明灯泡时失败了 9000 次。他说:"我没有失败,我只是学到了 9000 种做不出灯泡的方法。"

失败是学习不可或缺的一部分,能够理解这一点的孩子其实会有更好的表现。因为犯错而受到冷落或处罚的孩子可能会变得害怕犯错。这些孩子可能只会做他们知道一定会成功的事，所以变得不再会玩。只有做对的事才有奖励的孩子，体会不到犯错的重要性，导致他们不愿意承担风险和尝新。

第四个 CQ 发展因子：鼓励联想

联想包括联结、重新整理、以新的方式传达已知概念。虎爸虎妈的孩子很难做到这一点，因为他们常常缺乏各种现实生活经验，除了指令之外没有自由思考的空间。史蒂夫·乔布斯（Steve Jobs）在 1996 年与《连线》（Wired）杂志的访谈中提到联想的重要性，以及为什么我们缺乏联想："我们这一行有很多人缺乏多元经验，所以没有足够的点可以联结，最后只能提出非常线性的解决方案，看不到问题的全貌。"

乔布斯 2005 年在斯坦福大学毕业典礼的演讲中说："各位无法预先串联人生的点滴，只有在回顾时，才会明白那些点滴如何串联。所以你必须相信，眼前经历的种种，将来多少都会联结在一起。"有个例子能告诉我们乔布斯是如何串联他的"点滴"的。他从里德学院退学后，还回到学校旁听一门书法课。这不是一门必修课，而且他已经不是这里的学生了，他没必要去上这个课。依照乔布斯的说法，上书法课"不会对我的人生产生任何实际作用。手写字体的美感、历史价值和艺术造诣是科学无法捕捉的，我觉得很迷人。"直到多年之后，乔布斯才重新联结他对手写字体的喜爱，并将这种优雅美学融入苹果产品的设计中。

第五个 CQ 发展因子：鼓励社交

人脉包括与各种各样的人建立联系。虽然我们原本的人脉可能是志同道合的一群，但当我们跟想法截然不同的人建立关系时，就会产生强大的联结。

拥有相异背景和不同观点的人交流时，想法会被测试并产生新点子。如果你曾遭遇瓶颈，你知道通常和别人谈一谈，问题就能迎刃而解。

有些孩子很自然就能建立人脉，跟操场上每一个同学都可以打交道，但有些孩子总是跟那么几个人腻在一起。不管怎样，我们都知道，让孩子们建立人际网络，会带来思想的交流和对新思想的欣赏。

你觉得把孩子送去补习班能促成多少社交和合作呢？他们多年来被逼着练习和死背，醒着的每一刻（甚至是不该醒着的每一刻）都在练习完美和死背知识。

在西方社会，孩子通常不会花太多时间做一件事。但他们可能会投入无数个小时参与各式各样的活动，比如钢琴、划船、芭蕾和数学。一般情况下，这些活动都是高度结构化的，由老师或教练指导，限制或消除了孩子在现实生活中建立人脉和与人合作的可能。

在商业领域的任何人都会告诉你，熟练的社交技巧是建立强大人脉和紧密合作的关键。你有没有看过汇丰银行（HSBC）的广告词："在未来，商业就是社交。"我认为未来已经到来。下一章我们要谈的就是人类社交的基本需求和欲望。

第七章

人类是社交动物

我的公公在人生走到尽头时，带给我一个令人心碎但又深具启发的经验。他多年来饱受前列腺癌之苦，在我跟丈夫婚后仅仅四个月便过世了。他咽下最后一口气时我看着他的眼睛，我可以感觉到他所留下来的风范。身为工厂工人，他从来没有撼动这个世界的力量，但他是一个正直的人，拥有很强的道德感、原则性和价值观，因此他在自己的小社群里是一名领袖，设立道德标准并带来深远的影响。他的葬礼有好几百人出席，远超我们的预期。他们似乎都是为了来说一句："谢谢。"在短短的六十年生命里，我的公公和这么多人建立了交情。有些人述说他为他们做的事："他帮我找到工作。""他在工厂为我挺身而出。"还有"他在我有困难的时候借给我钱。"还有很多我丈夫根本没见过的人说起我公公的为人："他总是做对的事。""他很关心大家。""他是个很有骨气的人。"我在公公的葬礼上亲眼见证了一个人一生当中最能够被记得的重要大事就是对周遭世界和社群的贡献。

第七章｜人类是社交动物

虽然我的孩子从未见过爷爷，但只要遇到认识爷爷的人，就会听他们提起爷爷生前的美德。我知道孩子们通过这些评价和事迹可以感受到爷爷留下的印记，我也相信这些故事能让孩子对社群和贡献增加认同感。

虽然我们现在可能没有意识到，几乎每一个人在过世时都希望大家能记得我们和他人之间建立的情感，以及我们一生当中做过的好事。我指的是人类心底最深层的欲望：与他人建立关系以及找到人生意义的强烈需求。事实上，这也是人类生养下一代的主要原因。我们都希望留下"我曾经活过"的印记给亲朋好友、社群和周遭世界。我猜想大部分人在即将咽下最后一口气时，都会想着自己是不是让这个世界变得更好了一点。

海豚跟人类一样是高度社会化的动物，拥有强烈的社群意识。它们的生活总是离不开群体，海豚在这个丰富的社会群体中共同生活、工作和玩乐。若某个成员生病或受伤，其他海豚会跟它待在一起。健康的海豚常常会在生病海豚的后方游，并把它推出水面帮助它呼吸。

有时数个海豚群体会聚集成一个超大群体一起行动，数量多达1000只。他们建立关系，共同捕食和玩耍，还会保护和帮助其他种类的海豚（现存的海豚种类有40多种，从4英尺长的新西兰赫克托耳海豚到20英尺长的北极和南极虎鲸），就算其他种类的海豚看起来和自己不一样或者交流方式不同，它们仍会在对方需要时提供帮助。海豚的进食习惯也显现出社群意识：它们只取自己所需的分量，以便将食物与它们所在群体和其他群体的海豚，甚至非哺乳类动物（例如金枪鱼）分享。

互助合作以及与同类和其他动物形成复杂的水中联盟，都是海豚生活方式的一部分。看一看下面这个例子。2008年，新西兰的海滩上有一群鲸鱼不知怎么搁浅了。许多当地人过来帮忙，也成功地把这些庞然大物推回了水中，但由于鲸鱼不熟悉附近环境，最后又回到了沙滩上。人们一直试着帮忙，但鲸鱼不断回到原地。最后鲸鱼和帮忙的人们都累坏了，几乎要放弃。这时"摩可"（Moko）出现了，这只海豚常常跑来和游客玩耍，全镇的人都认识它。摩可直接游向受困鲸鱼，表示它要帮忙。这一次，沙滩上的鲸鱼再度被推入水中之后跟在摩可后方，看它（看似很自豪的）带领鲸群回到大海，让沙滩上惊讶不已的人们爆发出欢呼声。

海豚也有帮助人类的记录。一名14岁男孩从父亲的船上跌落，因不会游泳而溺水，这时一只海豚出手相救，把男孩推到水面靠近船的位置，让父亲可以抓住男孩，把他拉上船。还有一个例子是一群海豚围绕着一名被鲨鱼盯上的男子，形成保护圈，而且一直待在他身边直到鲨鱼离开、人类救援船赶到。

小海豚刚出生那几年，父母会把社群意识和捕食摆在第一位。为什么社群联结被重视的程度和捕食一样？海洋如此广大，海豚早已认识到群体合作甚至在必要时和其他群体结盟才是最佳生存和繁荣之道。事实上，证据显示海豚和其他群体成员建立起深厚关系时，能够更好地养育下一代，幼子因掠食者或其他灾难死亡的概率更小。就连宝宝出生前，身为"阿姨"的群体成员都会帮助怀孕的母海豚保持健康、分享食物并在生产过程中提供协助。

什么是社群？

我们一出生就有父母保护，但我们人生中大多数时候还是必须靠自己生存和成长。不管是小时候，还是成年后，我们的世界都离不开社交互动。

所谓"社群"是"一个社会性、宗教性、职业性或其他性质的团体,成员拥有共同特质或兴趣,在它存在的较大社会中被认为或自认为在某个方面不同于他者。"一个社群也可以单纯指称"你们那一群人"或"你的群体",也就是你在乎并共同生活的人。

孩子会在社群里学到他人如何面对挣扎和失望,也会学到谦虚、坚韧和解决问题能力的价值。他们会学到社群成员如何帮助遇到困难或犯错的同伴,并学会和一群人同乐。他们会体验到与他人分享成功的喜悦,以及遭遇挫折时得到支持的安慰。

社群提供了一个能够形成丰富社会联系的环境,创造朋友、精神导师和模范。学习社交技巧的不二法门就是去尝试。在社群中,年轻人可以通过尝试错误很快理解太爱竞争、完美主义、过度自信、自大和自以为是会带来什么负面效应。他们会学到怎么沟通、合作与解决冲突。他们会学习为自己的行为负责任,以及如何信任、尊重和公平对待他人。为他人着想是社群的本质,也是贡献的基本定义。

虽然这么说看似矛盾,但独立和达成个人成就的基本技能必须在社群的结构和安全范围内才发展得出来。在社群中成长能教导孩子如何寻找、创造和培养自己的社群,不管他们身处人生哪一个阶段,做什么工作,住在哪里。我们在社群里建立自己的身份认同,开始探寻一些基本问题的答案,像是:"我是谁?""我在世界上的定位是什么?""我是怎么样的人?""我想在人生中追求什么?"这些问题的答案无法凭一己之力找到,必须通过集体认同的经验以及与现实世界的关系才能体会到。孩子长成青少年或年轻成年人时,可能会"尝试"各种身份认同并进出他们的社群。他们可能会体验到当一名叛徒、墙头草、势利鬼、运动员、学者或书呆子是什么感觉,直到最终找到自己的身份认同。他们可能声称自己不在乎别人怎么想,但你如果真的相信那就错了。我们定义自己在社会中的角色以及与他人的关系完全是为了建立社会认同。

家庭理应是社群，但往往事与愿违。我有一名 15 岁的患者卡拉被她的叔叔性虐待。极度不安之下，她决定向家人揭开这个伤疤，但一开始他们只想把这件事"压下来"。身心受创的她开始吸毒，离家出走。我为她感到心碎，跟警方一起找了她两个星期仍没有消息，我害怕最糟的情况会发生。然而，卡拉失踪的这段时间在一个很不平凡的社群里找到了归属感。她最后来到温哥华市区东部一个充斥着犯罪、毒品和娼妓的区域。不过，它也有强大的社群。卡拉在这里遇到了一名有着类似遭遇的年轻女子，这名女子介绍卡拉认识其他几个能跟她产生共鸣的女性（其中很多人是有毒瘾的妓女）。这些女性照顾卡拉，保护她的安全，还给她提供食宿。她们倾听她的心声，不会批判她，并引导她避开她们过往的错误，最后回到家中。卡拉回来接受治疗后告诉我，她跟这些女性在一起感觉很好。由于她跟她们建立了情感，所以决定翻转自己的人生，把焦点放在未来而非过去。卡拉回到学校上课，现在的她是一名在东区工作的热情善辩的女权倡导者。她跟我说，虽然过去有创伤，但她现在很快乐。

什么是贡献？

有时候，我们会觉得社交名媛或无私虔诚的教徒才能跟贡献画上等号。事实上完全不是这么一回事。我们所有人天生就会付出。我们做出贡献时，我们会得到一种幸福和喜悦的回报。生理机制需要我们为自己的生存贡献；如果生活中没有贡献，我们会变得失衡、不舒服、不健康。和玩乐一样，不付出我们会活不下去。

有关 Y 世代的研究告诉我们，今日的年轻人比过去任何世代都要重视金钱和地位。同时，今日的年轻人也被认为是最"没有动力"的一群人，眼高手低的问题很严重。由此看来，金钱和地位并不足以激励年轻人。那什么可以呢？

贡献！我相信，朝着更伟大的目标努力，是一种被严重低估的人类动力，尤其是父母。就像社会联系和社群显现的那样，我们知道贡献很重要，但父母有时会忘了这一点。想一想印在贺卡上的祝福语和婚宴上的致辞。被人称赞"善良""聪明""有趣"当然不错，但真正触动我们内心的赞美是说我们"付出关心""陪在身旁"或"总是愿意帮忙"。"你让这个世界变得更好"是一个人所能得到最高的赞美之一。

做营销的人都知道大家很重视贡献，所以越来越多营销活动主打这一块。不管店家是修车厂、当地市场、律师事务所还是企业，我们常常会看到这样的标语："因为我们在乎。""我们带来改变。""相信就是力量。"旧金山大学有一个很棒的校训："改变世界，由此开始。"

萝拉是我一个朋友的女儿，她是一个很有天分的音乐表演者。不过，虽然她才华横溢，却提不起劲来练习。她的音乐和声乐都练得不够，态度通常都"很不好"。萝拉的动力似乎来自某种形式的贡献，因为她很喜欢娱乐大家，让其他人开心。但令她的父母不解的是为什么她的表演动力一天比一天低落，她的表演明明每次都好评如潮。萝拉的父亲告诉我，女儿最精彩绝伦的一场表演，根本不用人家哄骗或敦促，她自己就认真准备了，而且表演得完美无瑕。萝拉演出的话剧是她真心付出情感的，故事讲的是一名年轻女孩排除万难争取自己学习的权利。事实上，萝拉深受这部话剧感动而决定探访其剧作家，一名住在养老院的老太太。后来这位剧作家帮助萝拉面对她在人生中遇到的挣扎。当然，萝拉原本就拥有接受教育的权利，但她总觉得人生中需要争取某个东西，而这部话剧让她理清了头绪。她只是想"谢谢"这位剧作家对她的人生带来的贡献。从这个经验当中，萝拉找到了动力低落的原因：她不只想"娱乐"大家，而是想跟那位剧作家感动她一样"感动"众人。她希望通过她的表演来改变生命。她想要"带来改变"。

通过独特天赋来对世界做出贡献是终极的激励因子。我把贡献当成处方开给我所有的患者，因为我知道它能让大脑释放一些他们急需的多巴胺。单是写一张支票捐给慈善机构就能让人满足，但运用自己独特的天赋对世界产生贡献更能得到天大的满足。想一想超级英雄。每一个超级英雄都想拯救世界，这就是他们的本质，不是吗？每一个超级英雄都有超能力，可以为世界做出独特贡献。跟我们所有人一样，每个超级英雄也有弱点阻碍他们贡献，不然一个毫无弱点的超级英雄也太无聊了吧。许多超级英雄都有另一个过着平凡人生的自我，这告诉我们任何人都可以成就非凡并拥有超级英雄的特质。超级英雄代表我们最高尚的价值观，包括正义、美德和关怀，这就是为什么这些故事都历久不衰而且普遍被认同。谁不想跳脱日常琐事，真正为他人带来好处？

人们经常通过工作来为自己的社群做出贡献。医生助人改善健康，老师塑造下一代的心智，记者挖掘真相。我注意到有些人喜欢自己的工作是因为他们能回馈。他们在过去经常接受别人有意义的帮助，为他们的成长和成功做出了贡献。

父母常常说："不管你做什么，只要尽力就好。"为什么？因为尽力的确很重要。如果你做一件事尽心尽力，这个事实本身就能启发他人表现出最好的样子，这就是贡献。带来改变，实现人生意义，让世界更美好，也同样是贡献。

社群和贡献带来的生理奖励

社会互动和联结带给我们幸福和愉悦。这种幸福愉悦感是生理给我们的奖赏，因为我们做了对生存至关重要的事。社会互动和社交联结都会刺激脑部释放多巴胺，但社交联结刺激得多一点。为什么某些社交活动能带来更多奖励呢？从生理的角度来看，社会互动是向对的生存方向踏出一步（认识他人并互动很重要），但社交联结能建立一个健全的社群，而健全的社群是我们生存所必需的。这就像是约会和恋爱的不同。和约会对象见面或调情会释放一些多巴胺，但陷入爱河（可能产生后代，让社群扩张）会释放大量的多巴胺。当催产素（一种让人"感觉良好"的荷尔蒙，会在我们依偎、拥抱、亲吻时释放）加入后，就会带来深深的满足和安慰。

如果你还无法认同人类完全是社交动物，花点时间和青少年相处就会知道。你会看到社会行为是如此根深蒂固地存在于他们正在发育的大脑中。从青春期开始，青少年会完全沉迷于社会行为中，像是谁跟谁在干吗。对年轻的大脑来说，社会互动是奖励的强力放大器，而同龄人之间的互动会刺激多巴胺的释放。想想看，青少年被邀请参加一场派对会多兴奋，还有被排挤时会多沮丧。一些脑部扫描研究显示，青少年的大脑在受到同龄人排挤时的反应跟他们的身体受到威胁或饥饿时的反应是类似的。也就是说，青少年可能把社会排斥当成自身存在的威胁。最后这一点让我们比较能够理解为什么青少年会把社交上的起起伏伏当作人生的一切，不管是在现实生活中、网络上或想象的世界中。

社交联结是获得快乐不可或缺的要素，甚至比生命基本需求还重要。伊利诺伊大学的研究员在 2005 年至 2010 年间针对 155 国进行的一份研究发现，人们在基本需求没有被满足的状态下，只要持续拥有良好、正面的人际关系，就可以感到幸福并能实现自我。即使处于生命基本需求有限、安全得不到保障的战乱时期，受试者还是能感到幸福，只要他们能维系正面的社会联结。事实上，这份研究发现，物资缺乏、危机重重的极端状况可以加强社交联结。因此，有些经历过严重创伤（例如战争）的人会把这段时期描述成人生中最美好的时光之一。

同样的研究发现，人们在社会其他成员的需求也被满足时更快乐。换句话说，一个人的满足不仅来自自身的生活质量，也来自他人的生活质量。不过当然了，我们天生就会聚集、保护、争取和建立自身的安全，但我们天生也会与人产生社会联系并关怀社群。有一句古老的谚语说："你付出的越多，你得到的越多。"现在这句话有了科学佐证。哈佛商学院教授迈克尔·诺顿（Michael Norton）与他的同事在2008年进行了一项研究，发现给予他人金钱比自己花钱更让受试者感到快乐。一项2006年的研究则发现，施与他人跟进食以及性交时产生的愉悦所活化的脑部模块一模一样。脑部核磁共振造影显示，捐钱给慈善机构会刺激大脑的奖励中心释放多巴胺，让我们感到幸福喜悦。

贡献实际上能延长我们的寿命。一项针对老年人进行的研究显示，为配偶提供情绪支持或为社群成员（亲友、邻居）提供实质帮助的老年人在5年内过世的风险较低。加州大学伯克利分校一项针对老年人的研究发现，在两个以上机构做志愿者的长辈在5年内死亡的概率比其他人低44%（年龄、吸烟或其他负面健康习惯、健康概况和运动模式等因素皆受到控制）。助他人一臂之力不会害死你，但不这么做对你倒是有害的。

通过社群和贡献来发展CQ

在20世纪50年代，詹姆斯·沃森（James Watson）和弗朗西斯·克里克（Francis Crick）跟许多人一样试图解开人类 DNA 结构之谜。1953 年，他们创造了科学史上的纪录，成为第一批发现著名 DNA 双螺旋结构的人，带来分子生物学和遗传学方面的突破。相当有趣的是，沃森和克里克一个是物理学家，一个是动物学家，这两个职业看起来跟化学与人类生物学相去甚远，但他们互相激励、挑战、辩论、反对、试图说服对方，最后在这项重大发现上达成共识。

独立作业很难让你想出新的解决方案，或跳出原有的条条框框。但在团队中，拥有各式各样背景的成员可以互相激发出最棒的想法。克里克在他的回忆录中写到，他若是独立作业，可能就不会发现双螺旋结构了。

CQ 的两大要素是合作与沟通。合作与沟通需要用上社交技巧，也就是能够与团队成员相处融洽，有效表达自身想法并影响他人，并和不怎么喜欢的伙伴共事。社交技巧可以说是成败关键，在学校或毕业多年之后都是如此。一个在学校拥有好人缘的孩子，通常未来的发展也不错。而一个不善交际的孩子在交朋友、保持友谊以及和其他学生一起做报告时就会遇到很大的困难。事实上，研究显示，从幼儿园学童交新朋友和被同学接纳的状况，就可以预测他们在课堂上的参与度，甚至是在学科上独立作业的程度。也就是说，拥有越多社交技巧的孩子越能独立学习。

体验社交挑战能让孩子学会如何自动自发、谈判沟通、自我肯定、多元发展和适应环境。社会互动让孩子能够在遇到使人难受、情绪化的状况时去讨论和解决。以上这些技能都能增进创意和批判性思考，也就是 CQ 的其他两个要素。如果孩子总是在练习几个狭隘的能力，或被接送去上某个全程有老师指导的活动，那就学不到现实社交情况下真正会用到的生活技能。我有一次无意间听到一位母亲唉声叹气地说，她们社区中的小孩大部分都比她 10 岁的儿子小。她说："他不得不跟年纪比他小的孩子玩，我很担心他学不到任何东西。如果能跟同龄或更大的孩子玩，至少能学得到新技能。"她真是错得离谱。跟年纪较大的孩子玩的确可能学到新技能，比如怎么能把球扔得更远或是一些新词汇。不过，和年纪较小的孩子玩可以学到许多重要的社交技能。事实上，他们会学到同情心和同理心，这些都是高 EQ 和成功所不可或缺的。年纪大的孩子必须学着读懂年幼孩子的非语言暗示，帮助他们克服障碍。同等重要的是，年纪大的孩子必须向语言理解能力较低的孩子有效解释新的概念。没有什么比向年幼孩子解释道理更能强化自身知识或暴露自己需要发展的领域的了。

　　和社群中各个年龄层的人互动也能增进 CQ。我们能从中学习什么叫义务和责任；学习说到做到和信守诺言；学会如何赢得他人尊重、敬佩和仰慕，以及做出不道德或没有原则的行为会迅速失去这些尊重、敬佩和仰慕。具备高 CQ 的孩子重视公民责任，了解社群归属感和贡献的重要性。

　　我们正处于历史的关键时期，人类活动正以前所未有的速度改变地球和整个生态系统。世界人口已达 70 亿而且数字不断往上攀升，我们巨大的足迹只会增加不会减少，我们面临问题的严重性和变化亦是如此。现在正是全人类团结起来解决问题的时刻。下一代面对的挑战十分艰巨，他们所做的决定具有重大影响。值得庆幸的是，我们已经知道人类与生俱来就会互相关心、分享和合作，因此我们现在最该做的是顺应本性。

虎式教育下的孩子不重视群体和贡献

　　虽然社会联结是人类的天性，但我们常常忘记这个事实。总是会有人忘记或是将社会联结需求降至最低，然后再来怀疑自己为什么会感到沮丧、焦虑和疲惫，这样的例子屡见不爽。

老虎把他们身处的环境视为竞技场而非社群，这些竞技场有大有小，但全由个人表现来定义。在竞技场中，所有人互相竞争，只有能够帮助你"获胜"（也就是达到即时目标，比如在下一次考试或比赛中脱颖而出）的人才具有价值。这种思维常常让虎崽变得争强好胜，缺乏重要的社交技能，比如合作和沟通。

虎崽习惯了处于竞技场中，因此他们很容易把所有人看成是竞争对手，包括同学、队友，甚至是自己的兄弟姐妹。在手足和亲友分享成就的喜悦时，虎崽可能会感到紧张或嫉妒，因为他们的人生总是被笼罩在"能不能得第一"的恐惧之中。他们成长的环境只会奖励外在行为而非内在本质，这让他们深信成就决定一切，因而无法发展出真正的身份认同。

不管有意无意，老虎父母常常把子女跟其他人隔开。虎崽通常都忙于课业和参加依年龄区分并由成年人运作的活动。他们没有太多时间跟亲朋好友相处（包括祖父母，即使他们住得很近）。朋友、表亲、叔叔、阿姨和祖父母的角色都弱化了，因为虎崽只把时间花在能帮助他们"成为第一"的活动上。结果很可惜，虎崽错失了获得正面榜样、指引、辅导以及其他跨世代互动的机会。虎崽接触不到各式各样的观点。他们经常单独学习或是由少数人教导。这些人可能多数都是被雇来的，比如和家长拥有相似世界观的家教。

缺乏社会联系的人生是很孤独的。孤独听起来也不是什么大不了的事情，特别是当你住在顶楼豪华公寓并坐拥六位数高薪。毕竟高处不胜寒嘛！如果你是这么想的，我告诉你：孤独可以杀死你。我们就从单独监禁（solitary confinement）这个最极端的孤独形式谈起。

165

单独监禁是人类残暴史上的一大讽刺。第一间设有单独监禁牢房的监狱建于19世纪20年代，这种设计的用意是提供一个较人性化的关犯人方式。在这之前，罪犯都被关在过度拥挤的监狱里，帮派横行，到处充斥着羞辱和危险。过度拥挤的监狱的确惨无人道，但狱方很快便发现让一个人孤独更可怕：单独监禁的囚犯都"发疯"了。如今，单独监禁的有害影响被完整记录了下来，包括睡眠障碍、焦虑、抑郁、恐慌、暴怒、失控、妄想、幻觉、自残、认知障碍以及精神崩溃。原本被认为人道的一项举措，现在成了狱卒手中最残酷的威胁手段以及全世界最要命的折磨。

结果证明情绪孤立跟吸烟是排名一样高的死亡风险因子。20世纪50年代，治疗师福瑞达·弗罗姆－瑞茨曼（Frieda Fromm-Reichmann）为研究孤独对人的影响奠下了基础，这个主题复杂到现在我们还是无法完全理解。孤独并非只是一种感受。它会像疾病一样腐蚀我们全身上下，改变荷尔蒙信号和路径，造成系统破坏，如基因调控系统。长期孤立可能让许多病症恶化，像是阿尔兹海默症、肥胖症、癌症和心脏病。举例来说，研究显示肿瘤在孤独的人身上转移较快。

孤独不只是实体隔离。弗罗姆－瑞茨曼将孤独定义为"对于亲密的持久渴望"。就连一个整天被人群围绕的人都有可能感到真正的孤独。加州大学洛杉矶分校（UCLA）一项针对孤独的研究发现，高达30%的美国人不觉得跟谁特别亲近。美国退休人协会（AARP）2010年一项针对45岁以上成年人所进行的研究指出，三分之一的受试者长期感到孤独，而在21世纪初的时候还只有五分之一。

加州大学洛杉矶分校一份2006年的研究报告显示，身体疼痛和社会排斥所激发的神经系统是重叠的。这项研究采用"计算机化丢球游戏"，让包括一个人类和两个计算机程序的三名玩家互相丢球（人类玩家以为其他两名玩家也是人）。三名玩家丢接球一阵子之后，两个计算机程序开始"忽视"人类玩家，只跟彼此玩。与此同时，受试者的核磁共振造影扫描显示出，这种排斥所激发的脑部区域和身体疼痛所激发的脑部区域一模一样。

老虎的"青年危机"

艾娃是一名成功的钢琴家兼律师，她来见我的时候29岁，有一个三个月大的孩子。她告诉我："我的宝宝一点都不讨人喜欢，还比别的婴儿爱哭。"如果你不认识艾娃，可能会想："得了吧，认清现实好吗？"但遗憾的是，对艾娃来说，她真的觉得她的宝宝一点都不完美。

积累了10年帮助新手妈妈的经验之后，我可以告诉你，越好强也就是越完美主义和孤独的虎妈，产后需要做的调整越大。作为新手妈妈，前几个星期最需要的就是谦卑、忍受不完美、随机应变和社群的帮助。艾娃吃尽苦头，她说："我总是可以把每件事情做到最好。我真的不知道什么叫作不完美。"接着她承认她不像周围认识的其他妈妈那样有人帮忙做饭、照顾小孩或邀她聚会。

我很快就发现艾娃遇到的许多问题都源自太习惯获胜。她无法适应变化，因为她一辈子都在上家教课，每天不断排练，让她在面对真实世界时完全措手不及。可想而知，艾娃小时候花了很多时间处理考试和表演带来的压力，却没空应付一般生活中那些令人厌烦又经常模糊不明的事情，像是做家务、身兼数职以及团队合作。

艾娃在成长过程中也相信好成绩和获奖让她变得与众不同，可以免去日常琐事。的确，她不应该把读书或练习的宝贵时间浪费在洗碗上。但现在她已长大成人，这些现实生活中的责任不断快速累积，成为她的绊脚石。

悲惨的是，艾娃无法不拿自己的孩子去跟别人比较。即使是她寥寥无几的朋友都觉得这种排斥态度很令人反感。不过，艾娃真的不知道该怎么样不去竞争，也不知道怎么和他人建立紧密联结，特别是在同辈之间，包括自己的丈夫。不难想象与她互动过的人都不怎么喜欢她。

她的完美主义和好胜也让她对自己的要求极度严苛。孩子出生后，她对自己的外表和身材更是挑剔不已，硬是挤出大量时间和金钱来恢复"体态"，却还是陷入低潮。然而，最令艾娃痛苦的是她希望小时候付出的所有努力和牺牲都应该有所"回报"，好像有人在这场人生竞赛中不断帮她打分一样。我经常观察到这种现象，可以称之为"老虎的青年危机"。

经过了几个月的治疗，艾娃已经有了很多正面改变之后，有一天她在我的办公室哭了起来。她告诉我，她发觉自己的童年都耗费在了错的事情上。她为了追求个人成就付出了极大代价。但值得庆幸的是，她的绝望一下子就消失了。艾娃找回了海豚的精神，她决定不让女儿过跟她一样的童年，并且把更多注意力放在了帮助女儿建立社会联结和追求更好的自己上，而非鼓励女儿去和别人竞争。她希望女儿能在起起伏伏的人生旅途中破浪前行，而不被困在竞技场中追求胜利。她也明白了孩子需要一个社群才能做到这一点。

如今有太多年轻人的成长历程就跟一开始走进我办公室的艾娃一样，他们被称为"G 世代"（Gen Entitled）。我们必须问自己：社交生活或社会地位是否能取代社会联结？我们是否正在失去公民责任、分享精神和关怀精神？这些都是培养正向人格和领导能力的关键。谁能够让这个世界变得更美好？父母的角色难道不是帮助子女发展正向人格吗？的确是，而且你做得到！

处方 1

为社群与贡献创造有利环境

　　创造一个以信任、尊重、责任、同理、正直和谦逊等价值观为基础的社群，让孩子可以在其中成长。你的社群成员要能够在你需要时提供帮助。这些人可以全都是你的家人或没有一个是你的家人，视你的情况而定。可以包括心灵导师、老朋友、同事或是孩子朋友的父母。每一个社群成员可能在你的人生中扮演不同角色。我可以不厌其烦地告诉你，我不知道见过多少祖父母、阿姨、朋友或老师在亲子关系触礁时成为青少年生命中的关键人物。的确，有时候生命中最宝贵的经验并非来自父母，而是来自一个充满爱心又受人尊敬的成年人（或兄弟姐妹）。

　　一个社群的基础不在于人数多少，而在于人际关系的质量。高质量的关系就是你生病时会去医院探望你的人。你可能在脸书上有几百个"好友"，但有多少个会在你需要时出现？一个社群成员是会滋养你而你也会滋养他的人。在一个社群里生活不是要"为他人而活"，这是单向的关系，而是应该有来有往。

　　许多由老虎养大的孩子没空与他人建立联结，包括祖父母、叔叔、阿姨、表亲或朋友这些社群里应该有的成员。我听过不少老人家说："我都见不到孙子，因为他总是很忙。"如果你刻意不让孩子接近某个人，因为你不希望孩子受对方影响，这是你身为家长的选择。但如果孩子只是因为太忙而被剥夺了在社群中发展和融入社群的机会，那么你必须想想为什么会忙成这样。被赶着从学校去练体育、去上音乐课的孩子或许会看到其他人并与他们互动和竞争，但却少有时间发展有意义的社会联结。因此，为你和孩子空出时间和社群相处是有必要的。你还可以得到额外的好处：生活在社群里的一大优势是你经常可以少做很多父母原本要做的工作。

处方 2

为社群与贡献以身作则

你可以成为孩子融入社群和做出贡献最好的榜样。如果你展现出对社群与贡献的重视并发挥真正的领导能力，大家会注意到并记得，特别是你的孩子。如果你希望孩子重视有意义的社会联结、社群联系以及更远大的人生目标，你必须尽力以身作则。

如果我们重视高质量关系，我们的孩子会将这件事内化，在往后的人生中更容易去建立这样的关系。如果我们希望孩子拥有深刻的友谊，我们自己先要建立起深刻的友谊；如果我们希望孩子远离损友，我们自己先要远离损友；如果我们希望孩子身边围绕着一群真诚又能滋养他们的人，那么我们自己身边也先要有一群这样的人。我们所做的事会影响我们成为什么样的人，近朱者赤、近墨者黑也是同样的道理。

有鉴于此，我们不难理解，和积极向上的人在一起会激励我们变得积极。这种效果不仅来自一个人说的话，还来自说话的方式和当时整个空间的能量。人类心脏的电磁场在身体几英尺之外就可以测得和被人感觉到。所以，能量系统在人与人之间传递身体、情绪和信息方面扮演着重要角色。有些人的电磁场既稳定又有组织，他们靠近心神较混乱的人时，可以让对方冷静下来并产生动力。而且稳定的电磁场能带来稳定的心律，帮助大脑发挥创意、解决问题！这听起来有点像《星球大战》里绝地武士的"原力"，但确实是科学没错！

处方 3

教导价值观与正向人格

我最近参加了一场晚宴,大家聊起一般父母会担心到睡不着的话题,像是学业、活动、宵禁,以及儿女未来独立之后要怎么养活自己。有人说了一个年轻人的故事,他靠贩卖过时的科技产品给老人家而赚了一笔小钱。令我意外的是,席间几个父母很赞赏这名年轻人的商业头脑,说他"太有才了"。我并不同意。"我认为这样很不道德。"我说。另一名家长接着发言:"世界上有两种人,压榨别人的人和被压榨的人。你希望你的孩子成为哪一种?"

这个问题让我很惊讶,我从来不觉得世界上的人是这样分类的。但这名男子坚持要我给个答案,于是我便试着回答。那一瞬间我的脑中浮现出孩子的脸庞变得像我那些"成功"赚大钱的患者一样:悲惨,追寻着不明奖赏,没有真正的朋友,试图麻痹自己的想法和感受,甚至无法看着自己的眼睛。所以我说:"不对,压榨别人或被别人压榨不是非此即彼的选项。做不道德的事对任何人都没有好处。事实上,压榨别人根本不是真正的成功。"

当然了,这段话是我基于个人经验所说的,所以我回到家之后马上决定,我要证明成功的同时也可以保有快乐(不被压榨)和道德(不压榨别人)。对我来说,这才是 21 世纪的成功定义:通过真正领导者的道德品格,成为健康、快乐和成功的人。这些特质能让世界变得更好,至少绝对不会让它变得更差。

我发现了丰富的信息、研究和个案可以支持我的结论。事实上,有大量证据显示,良好的道德品格不仅对人生很重要,也是真正领导能力与21世纪成功的必备条件。在这个高度联结的世界，没有强大的道德指南针便无法拥有长久的成功，这包括正直、责任以及为他人着想的价值观。我没兴趣把孩子养成会去压榨别人或被别人压榨的人。

虽然很多父母也是这样想的，但他们的行为可能背道而驰，因为我们真的太忙或注意力被分散。不知为何，道德品格（和快乐）被视为理所当然。父母会说："当然，我的孩子不管做什么事都必须有道德。"或者："正是如此，如果我的孩子没有价值观，那是我为人父母最大的失败。"在很多情况下，这就像是一边说着"健康真的很重要"，然后一边吃下不健康的食物并过着失衡的生活。你有没有想过为什么我们成年人（父母、师长、教练、家教）要花那么多时间教孩子如何演奏乐器，如何在运动比赛中竞争，如何做家庭作业，而不去教他们社会价值和道德的重要性？如果你的孩子把自尊心建立在"得第一名"上，那么得不到第一名就会让他失去自尊；如果你的孩子把自尊心建立在"成为顶尖运动员"上，也一样无法持久。但价值观是不会消失的。有些家长可能会说，学习演奏乐器、在运动比赛中竞争或是做家庭作业的过程已经可以教导孩子社会价值和道德。这些活动会让他们理解纪律和努力的重要性，但不包括以下这些价值：尊重不同或对你没有好处的人，在没有人看到和不太重要的情况下依然选择做对的事，对社群和周遭世界负责。

价值观实际上是最有效的教养工具之一。价值观为我们的人生创造意义，形成我们对未来的看法，带来更大的幸福感。强大的价值观可以联结到各种与成功相关的结果，而且单是想到价值观就能纾解压力！一想到价值观，我们就会思索人生的意义以及我们的行为跟真正重要的事是否相合。这种思考让我们面对外界时从较低等的大脑"无心"反应转向较高等的大脑"有心"互动。想想看，加州大学洛杉矶分校在2005年针对压力进行的研究结果。几组受试者在实验室中接受压力任务。在进行测试之前，其中一组被要求反思个人价值观以及对他们有意义的事，其他组则没有。结果，反思个人价值观的那组，他们体内的皮质醇（压力荷尔蒙）等压力指标水平较低。

　　我在自己的诊室就见识过价值肯定所带来的正面影响。杰登在学校遇到霸凌问题。他不是被霸凌的目标，但跟他住在同一条街的邻居拉维是。杰登和拉维不是感情最好的朋友，因为他们拥有不同的兴趣。杰登是个热爱体育的孩子，拉维则埋首于他的各种工具和书本，但杰登喜欢拉维。每次拉维被欺负，杰登都会非常难过，甚至逃掉体育课，因为他不想目睹这个状况。杰登想过要为拉维挺身而出，但害怕成为下一个目标。在某次治疗中，我看得出来杰登变得压力很大，进退两难，因此我们先把霸凌相关议题摆在一边。我拿出一张白纸，请他说说自己的价值观，他回答"朋友与和平"。考虑到他只有 12 岁，所以我帮他列出了常见的价值观，像是责任、公平、同情和勇气，并请他依据重要性用 1~10 分来进行评分。每一项他都给了很高的分数，不是 8、9 就是 10。接着我要他针对"实践这些价值观的程度"再评一次分，结果他将"责任"评为 4 分，"勇气"评为 2 分。杰登知道为什么这两项分数这么低，当然，我也清楚。他马上豁然开朗，决定去跟校长讲霸凌这件事。

利用剪贴簿找到人生重要价值

　　我不是那种做事井井有条，能够做剪贴簿的家长。我总是很羡慕我认识的许多妈妈，她们很会帮孩子做漂漂亮亮、五颜六色又充满艺术感的剪贴簿。我问过一个朋友为什么要花那么多心力做剪贴簿。这件事很耗费时间，她真正的动机是什么？她说："我想把特别的时刻记录下来。""但你为什么想把特别的时刻记录下来？"她回答："我希望孩子知道人生哪些事情很重要。"啊！我懂了，她也是。我们很有默契地看着彼此，心想"这真是个好主意"。后来，她把剪贴簿的标题从"迪斯尼乐园"和"生日派对"改成了"信任""公平""责任""公民精神""尊重"和"关怀"。

我们家没有剪贴簿，所以我选择跟孩子一起制作"象征性的剪贴簿"。我们不时增加"新页"，通常是一次关于我们家庭中重要的价值观的简短对话。举例而言，我儿子回到家说："妈，我今天踢足球得了三分。"我回答："真棒！你的队友做了什么让你知道他们信任你？你如何公平地以同样的方式对待他们？"简短聊过之后，我请儿子描述一个场景（或画一张图）来呈现信任和公平的样貌，然后把它加入我们的"剪贴簿"。

我们的剪贴簿里还设置了一个部分叫"更好的世界"。举例来说，当五岁儿子问我为什么他必须去上幼儿园时，我请他想想看原因是什么。他给了我一连串的回答："为了学东西和变聪明，为了交朋友，为了将来找到工作……"听完之后我说："对，然后呢？"最后他说："为了让世界变得更好。""没错，亲爱的孩子，"我回答，"你要去幼儿园才能变得聪明、快乐，长大成为领导者，有一天就可能让世界变得更好，但首先我们要去厕所，今天才不会有意外发生！"

制作感恩日志

"感恩日志"这个很棒的工具能引导你的孩子重视社群与贡献，同时增进健康和快乐。我要求几个患者使用这种日志，就连留校察看、看似难搞的叛逆青少年也不例外，效果显著。

感恩日志的使用者必须每天记录值得感恩的事，通常包含对社群与贡献的想法。这种日志对神经可塑性的发展可以产生很大的影响，带我们迈向快乐。它让使用者密切注意生活中的正面事物，这或许就是为什么它这么有效。无数研究证明感恩具有益处，像是增进幸福感、个人成长、社交关系、睡眠质量、应对技能以及减轻抑郁和压力。《时代》杂志针对感恩这个主题进行过全面的探讨，结论是"那些心存感激的人……比一般大众拥有更多的活力和更乐观的态度，压力较小，也较少患上抑郁症。"

另外，还有研究显示，使用感恩日志的人对自己的人生感觉较好，罹患疾病的可能性也更低。

第八章

海豚教养工具箱

虎鲸宝宝出生时,妈妈不是把它举出水面吸重要的第一口气,而是轻轻地把它推向水面,同时示范游泳动作,宝宝刚出生便鼓励它独立。虽然虎鲸妈妈给新生儿传达了要自立的信息,但还是会与宝宝保持紧密联系,很少离开宝宝。

虎鲸也会把宝宝带到靠近海滩的地方,甚至让它们搁浅并"自己想办法"回到开放水域,但整个过程中都会在一旁引导并随时提供支持。在阿拉斯加海岸,有人观察到虎鲸妈妈教导孩子如何捕鱼:虎鲸妈妈先追赶小鱼让它们聚集,然后让小虎鲸自行捕食猎物。

虎鲸和其他海豚的幼崽一样,和母亲关系紧密但又很独立。小海豚学习所有技能时,父母都会在旁边观看并保护它们的安全,这些技能将帮助它们成长为群体中有用的一员。没有任何一只30岁的海豚还会回去住到小时候的房间,吃老妈买的比萨,什么事都不想做。

轻推、以身作则、支持、引导,鼓励自力更生和独立,都是父母可以用来帮助孩子发展内在动力的强大工具，带领他们迈向健康、快乐与成功。事实上，研究显示，父母若陪伴子女走过青春岁月并在过程中持续给予帮助但慢慢放手，这些孩子通常在人生中表现较好。海豚父母就是这样做的，而人类父母也应该跟上脚步，不过当然了，说比做容易。但如果海豚做得到，我们也可以！

情感联结、以身作则与引导方向

海豚父母主要的教养工具是情感联结、以身作则与引导方向。每个父母都爱他们的孩子，但不一定会跟孩子产生情感联结。产生情感联结的意思是真正了解孩子是怎样的人，而不是把他当作你想要他变成的那个人。不管孩子是什么样子，你都能把他当作一个个体来接纳他、爱他并与他建立联结。

以身作则跟你的内在本质和外在行为有关。当内外不协调时，孩子是会知道的，所以用不着给他们灌输你自己并不相信的观念，你会被视为伪君子，结果很有可能适得其反。举例来说，我总是忘东忘西，像是手机、钥匙或钱包，我的孩子知道这一点，所以他们落东西时，我没有资格去要求他们记得随身物品要带好。我只能跟他们说丢三落四给我的生活带来了很多麻烦。我告诉他们我正在努力改进，如果他们有任何好方法可以跟我分享！以身作则就是运用自己真实的例子去传授生活经验，而这些经验在我们擅长和不擅长的事情当中都可以找到。

父母会带孩子认识这个世界，指点人生的起起伏伏，同时一路上仍提供信息和支持。父母会跟孩子说："嘿，人生就是有这种不公平的地方。""大家会用这些方式解决冲突。""这是个值得庆祝的美好时刻。"然而，提供引导的父母不会替孩子过一生，因为人生是孩子自己的。

肩并肩还是面对面？

如果父母完全占据了孩子生活的控制中心，孩子就没有参与和自己做选择的余地了。为了鼓励孩子发展独立性，父母必须适时放手，没有其他方法。

想一想孩子在身体上的发育，从没有行动能力变得可以行动。他们刚出生时在身体上完全依赖父母，去哪儿都得我们抱着。在适当的养育下，孩子自然而然地逐渐可以独立行动，但最初的时候还是会跌倒或疲惫时需要父母抱。有时我们还是必须在孩子生病时帮他们擤鼻涕，但通常大部分父母不会阻碍孩子在身体上成长和独立。我们都会接受青春期前和青春期的孩子肢体动作不协调或笨手笨脚，将其视为理所当然，并希望他们能长到跟我们肩并肩，甚至高过我们。我们会让孩子占据属于自己的空间，而且绝对不想去哪都得抱着成年后的子女。

海豚父母以注重心智成长和独立为原则。他们会提供一个安全的环境让孩子跌倒和笨手笨脚去做想做的事，在孩子还小的时候抱着他们或帮他们擦屁股，鼓励孩子及早独立。随着孩子年纪越来越大，海豚父母会引导他们自己爬起来和处理善后，不会一手掌控孩子的人生。海豚父母会逐渐从面对面的权威（例如"我知道什么对你最好"）变成肩并肩的引导（例如"你知道什么对你最好，你需要帮忙时我一定会在"）。他们尽量跟孩子站在一起，各自独立但又保持联结。海豚父母乐于看到孩子发展出自己的想法和才能，有时甚至要忍受与自己不同的意见！若父母鼓励独立，孩子便能更好地自力更生、解决问题和增进情绪健康。

海豚教养法的第一步是向孩子（以及你自己）承认他们终究必须自己掌控自己的身体、心灵和人生，并对自己负起责任。同时很重要的一点是，要表明你会在他们需要你的时候随时引导和支持他们。

第八章｜海豚教养工具箱

海豚教养可以分为两个步骤。第一个步骤本身就非常有效，也就是摆脱老虎行为，不要让它阻碍父母达成目标；第二个步骤是增加特定的海豚行为，加强内在控制和自我激励，并让孩子迈向独立。

处方 1

摆脱独裁老虎

老虎不会让孩子发展出内在控制点，因此抑制了孩子的内在动力和CQ。记住，别再过度做以下这些事：

- **压迫**——"你爸爸和我希望你不管怎样都要继续弹钢琴。"
- **命令／指导**——"你应该在 11 年级上这些课程。"
- **紧迫盯人**——"你写的家庭作业哪个字拼错了？你告诉教练你想上场久一点了吗？在你上大学之前你需要什么我都会帮你。"
- **拯救或解决所有问题**——"你跟你最好的朋友闹别扭，我跟她妈妈谈过了，事情已经解决了。"
- **帮孩子做他们可以自己做到的事**——"我帮你把分组作业打印出来了。"
- **对短期表现施加压力**——"赢得这次舞蹈表演的机会非常重要。"
- **没有征询孩子意见就帮他们设定目标**——"我们邀请了切尔西来家里，这样你们两个就可以成为朋友了。"

请注意，我说的是别过度做以上这些事，而不是别做。我们不该掉入"全有或全无"的思考陷阱。海豚教养不是完全不可以紧迫盯人或命令。特别是在孩子小时候，我们当然必须在某些事情上命令孩子，像是吃青菜水果、洗手、写数学作业和阅读。

请记住，海豚绝对不是纵容型的水母父母，全无规则和引导。海豚父母是平衡的，他们会制定规则，对孩子有很高的期望，但也鼓励内在控制和独立。他们保持权威但不会独裁。一旦摆脱了老虎，我们便可以加进一些海豚行为，提升内在动力。

处方 2

运用话语和行为来培养内在控制

当 5 岁的儿子不想去上幼儿园时，我很为难地告诉他："我可以强迫你现在去上学，但我不能强迫你到了幼儿园会乖乖听话，也不能强迫你学习或玩得开心。只有你自己可以做到这些事。"不过，这些话语从我嘴巴里说出来之后，我发现他的焦虑程度降低了，也不再对我发脾气了。我可以看到他的脸上浮现出不确定又自信的神情，因为他了解到他的教育责任不在我而在自己的肩膀上。

个人控制的重要性再怎么强调都不嫌多，尤其是对青少年而言。不管我们多不情愿承认这个事实，还是没有人喜欢被命令，就算父母用意再好、再明智、再慈爱也一样。任何人若感觉到自己的自由被控制或受到威胁，一定会反抗。人类生来便深切渴望通过选择来拥有人生自主权，这一点所有人都感觉得到，包括我们的孩子。

不过，我不是在鼓吹你跟孩子说："人生是你自己的，你想干吗就干吗。"也不是要你让孩子去犯各种足以摧毁人生的错误，而是建议你应该逐渐和孩子肩并肩，让他们发展自主性，同时认识到你是一个榜样和向导，而不是他们人生的控制者。

海豚父母可能会跟小朋友说:"虽然我现在可以强迫你去上学,但我不能强迫你一辈子。最后还得由你自己来决定。""我希望你试着好好弹钢琴,但我不能逼你喜欢做这件事。""就算我认为诚实很重要,你还是得自己决定是不是真的如此。""我现在或许可以强迫你写家庭作业,但我不能强迫你去理解为什么这件事很重要,你必须自己体会。"

至于大一点的孩子,海豚父母可能会说:"我不能控制你的想法或感受,你自己决定要做出什么反应。""我现在只能引导你去做对的事,但将来要怎么做,全看你自己。""每个人都希望自己可以做决定,你也不例外。""我不能控制你的大脑如何运作,最后还是要看你想付出多少努力。"

不过,我们必须厘清一件事:你放手之后会产生一些后果。当你说你只能给建议并让孩子自己去做决定时,你必须准备好接受他们的决定。是的,这代表有时候你必须眼睁睁看着他们犯错,这是父母最难以忍受的事。但你只要记得他们跌倒时你会在一旁伸出援手,就能坦然面对。

处方 3

征得同意再给建议

许多孩童和几乎所有青少年都不喜欢听别人的建议,就算是"为了你好"!在给建议之前先问问孩子想不想听你的意见,相信我,这么做会顺利很多。我丈夫在教小朋友踢足球,他说教练的首要任务是坐下来在一旁观察每个人的天赋。他读了我写的一篇有关动机的论文之后,开始询问每一名球员(和家长)是否想要知道他观察到了什么,哪些技巧做得好，哪些技巧没做好。单是征得同意再给出建议这件事，就让他跟球员还有他们的家人建立起了同盟关系，从面对面变成肩并肩。这项简单的举动神奇地让他与球员产生了个人联结，他发现每个人都变得更加愿意听从忠告和建议。

13岁的安东尼跟几个朋友处得不好。他们会找他的麻烦，拿他开玩笑。妈妈越是告诉安东尼要"为自己挺身而出"，他越是维护那些朋友。安东尼的妈妈很相信他，并告诉他："你值得被更好地对待。"不过这么做似乎把安东尼推得越来越远。有一天，安东尼的朋友们在脸书上贴出一张他长着青春痘的不怎么好看的照片。这次妈妈一句话也没说。她注意到安东尼非常难过，便说："亲爱的，想不想知道如果我是你，我会怎么做？"这个问题开启了一道门，让安东尼不再那么防备，并在最后征求了妈妈的意见。

一旦征得了同意，你要怎么进行一场成果丰硕的对话？试着问开放式问题，并调整说与听的比重吧。

处方 4

问开放式问题

开放式问题能帮助你表达同理心并避免争执，也能让你深入发掘在孩子身上到底发生了什么事。举例来说，我问了儿子一个封闭式问题："为什么你翘了足球课？"他回答："我不想去。"没有透露什么信息。接着我又追问了一个开放式问题："今天发生了什么事？"儿子说："乔伊莫名其妙在我背上打了一拳，放学后我又觉得好累，所以不想去练习。"我的情绪马上从不满和差点跟儿子起争执转为同理和担忧。开放式问题也能培养孩子的独立性，让他们决定对话的走向。当你在帮孩子解决家庭作业的问题时，可以问："你觉得这个问题怎么样？"而非："答案是什么？"或是问："如果你用不同方法试试看会怎么样？"而非："试试看这个方法吧？"这能培养他们独立思考和解决问题的能力。

凯姆发现，每一次她试着跟女儿露比讲话，女儿都会关上心门，看着地板，嘟囔着说："我不知道。"我指导凯姆换一种方法去跟女儿聊。我要她在开启话题之前先征得同意："嘿，露比，现在可以聊聊吗？"她可以这样问女儿。接下来试着问开放式问题，例如："你在想什么？""学校过得怎么样？"或："跟朋友之间有什么新鲜事吗？"这些问题让露比有机会把话题引导到她觉得重要的事情上。凯姆要尽量忍住不去纠正露比或替她解决问题。我让凯姆在很想告诉女儿"你应该这么做"或"你要怎么处理"的时候练习这么说："噢，真有趣，再多告诉我一点。"通过开放式问题，凯姆可以向露比证明她不是每次都心存目的，也不希望利用对话来"抓住"露比的小辫子或"矫正"什么问题。凯姆的问题显示出她只是真心想了解露比的生活。这些问题也给露比提供了空间，让她学着自己解决问题并且变得更独立。让凯姆看着女儿在某些问题上挣扎实在是不容易，在女儿做出没有道理或适得其反的决定时，凯姆更是痛苦万分。不过，除非某个决定会对露比造成无可挽回的伤害，不然凯姆已经学会克制自己，不去介入女儿在成长过程中必然会经历的窘态。凯姆知道在必要时刻伸出援手就好，所以感到很放心。我告诉她，趁15岁住在家里时经历窘态总比24岁一个人在外生活时经历好。

处方 5

调整说和听的比重

父母经常跟孩子说:"我们来聊聊吧。"结果,八成都是父母在说话。好好的聊天变成了说教。说话者的大脑神经元比听者更容易因想法产生联结。我们要翻转亲子交流时父母讲80%孩子讲20%的比重关系,或者,至少做到给孩子70%的时间,他们讲我们听,把自己的发言时间缩减到30%。也就是说,你不用长篇大论地给孩子解释喝酒会带来什么问题,而可以问问孩子他会怎么跟弟弟妹妹、朋友或邻居解释喝酒会带来什么问题;不要一直强调家庭作业有多重要,而是请孩子告诉你为什么家庭作业对他来说可能很重要。这个技巧能让你的孩子说出你最想说的话!

朱迪发现她跟12岁的儿子麦斯的交谈总会不可避免地演变为大吼大叫的争执。她决定调整自己说和听的比重,克制自己不要打断麦斯急着发表自己的意见。单是少说几句就让她发现,麦斯实际上会把事情解释清楚,讲到让她无话可说!举例而言,有一天晚上麦斯说他不想写家庭作业。朱迪没有滔滔不绝地说教,告诉儿子家庭作业有多重要,而是问:"怎么了?"麦斯解释说他不喜欢某位老师,因为这个老师布置的家庭作业太多了。如果他不做,老师又会出更多,他就会拿到很低的分数,一点也不公平。他接着表示其实家庭作业也没有那么难,只是浪费时间而已。妈妈没有任何反应,只说:"你说得对,听起来很不公平,但你有什么其他选项?"麦斯哑口无言,顿时没了吵架的气势。他拖延了一阵子之后就乖乖去写作业了。

处方 6

分析好处与坏处

讨论一项行为的好处与坏处是一个很棒的开放式管道，让孩子可以思考（和陈述）一件事的正反面。如果你希望讨论顺利进行，那就要开放地讨论孩子觉得你无法开放讨论的议题。拿喝酒这件事为例子。你发觉儿子背着你在派对上喝酒。你已经对他清楚地表达了希望他适可而止。你可以出其不意地请他说说在派对上喝酒有什么好处。或许他认为喝酒对身体有好处，像是跳起舞来更有活力，或是对心理有益处，像是跟女生相处时会减少一些不自在。接着问他在派对上喝酒有什么坏处，你肯定会惊讶于他有多少意见可以说。这种类型的讨论是真正了解孩子内心想法的第一步。了解了之后我们才能有效地引导他们。

处方 7

为好处与坏处评分

检视了一项行为的好处与坏处之后，请孩子为每个好处与坏处评分，用 1~10 分，1 分代表最不重要，10 分代表最重要。假设你的孩子无法在脸书和运动之间找到平衡。脸书的好处之一是能跟朋友保持联系，你的孩子可能会打 10 分。坏处之一则是花费太多时间会让爸妈生气，孩子可能会打 7 分。不过，更糟的坏处或许是"我会陷入复杂的人际关系，常常发出让我后悔的信息"，这一项应该是 10 分。然后，"我会情绪低落，吃太多东西，然后觉得很恶心"。孩子打 10 分的选项正是自我动机驱使下进行积极改变的切入点。如果你知道动机是什么，就可以帮助孩子解决问题，找到其他方式跟朋友保持联系又能避免这些坏处，然后省出更多时间做运动！

处方 8

运用话语和行为来强调对孩子的承诺与支持

海豚父母虽然强调孩子的自控力，但他们会向孩子表明可以给他们提供无条件、无限期的支持和引导。海豚父母的孩子知道自己是爸妈的优先选项，需要时他们一定会"在身边"。海豚父母会说："我会一直陪在你身边。""你需要我的时候，我会在。""不管发生什么事，我都爱你。""你随时都可以问我建议或找我帮忙。"海豚父母会实现诺言，在孩子需要的时刻提供支持与鼓励。这么做也可以强化情感联结，示范什么叫作充满爱与支持的关系。虽然这些话语和行为对父母来说可能很自然，但并非不证自明。我曾听到过许多老虎父母对孩子表达有条件的爱，例如："只要你去音乐学院拉小提琴，妈妈就会找时间陪你。"

处方 9

激励，着眼于重要性与信心

以上说的这些都很好，但要怎么让抱怨连连的孩子准时去上学或完成家庭作业呢？重要性与信心是促进行动的强效激励因子。若一项任务具有重要性，我们会了解"对我有什么好处"或不得不去做的原因是什

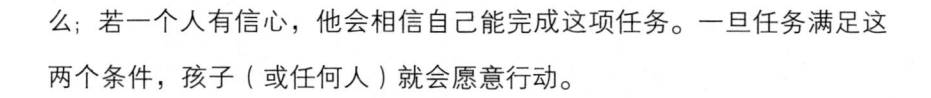

么；若一个人有信心，他会相信自己能完成这项任务。一旦任务满足这两个条件，孩子（或任何人）就会愿意行动。

说明（或找出）任务的重要性

知道任务的重要性显然能帮助我们建立动机。在哈佛的一项研究中，研究人员将受试儿童分为两组，要求他们拼出乐高人物。其中一组拼好的乐高人物会被存放起来，另一组拼好的乐高人物则会在孩子面前被拆掉。眼睁睁看着自己的作品很快被摧毁而觉得"没意义"的受试儿童平均少拼 5 个乐高人物，虽然他们继续拼还是会拿到奖励（不过每多拼一个能拿到的奖励会逐渐减少，例如第一个是 3 元钱，第二个是 2.7 元钱，以此类推）。以我来看，这个实验可以得出两个结论：一是金钱并不足以激励孩子去做"拼乐高人物"这么中性的事；二是没有"意义"或"重要性"的任务很快就会让人失去动力。

在不同文化中，解释规则是平衡教养模式的共同特点。研究表明，只要简单地解释规则背后的原因，孩子们就会变得更有同情心、更乐于助人、更认真负责、更友善。

不管是学数学、钢琴，还是做家庭作业，孩子都不情愿被逼着做某件事。他们必须知道自己为什么要做这件事（你自己也一样！）。你觉得一项任务很重要，不代表孩子也这么认为。孩子不懂为什么青菜水果对他们"有好处"但棉花糖就没有。他们毫无理由相信家庭作业很重要，除非有人解释这些任务背后的课题给他们听，就算只是很简单地说明"练习能够让你把一件事情做得更好，所以你现在要做的就是练习数学"也可以。寻找并指出任务背后的原因对你的孩子来说很重要。若是较年幼的孩子，你可以将短期的重要性和长期的重要性联结在一起，因为他们可能难以充分理解什么叫作长期后果。记得找出对他们而非对你自己重要的事。举例来说,我儿子不懂为什么在学校要上法语课,对此他表示强烈反对(法语是加拿大课程的一部分)。我告诉他所有我想到的理由,比如"法语是很棒的语言""对你的脑部发展有好处""搞不好以后对找工作有帮助",他没有不同意,但也没有变得更愿意学法语。有一次我跟他说,懂法语可以帮助他学西班牙语,他突然就对法语产生了更多兴趣和学习动机。你看,我儿子(他才8岁)梦想着有一天能加入巴塞罗那足球俱乐部(FC Barcelona),"跟梅西一样",所以他连学西班牙语都很起劲!

了解孩子的信心水平

一谈起动机就不能不提到信心,但我们却很少关注。举例而言,许多医生会花大量时间告诉患者吸烟会导致肺癌或肺气肿,但现在有多少烟民不知道这个事实?所以,重点不在于重要性,而在信心。如果能"向星星许愿",大部分成年人可能都会将戒烟排在心愿单的前列,但他们对自己戒烟的信心却很低。我们医生应该做的是去讨论如何改善信心而非强调重要性。

以我的经验来看,如果一个人对通常被视为正面的事情感到动机不足,比如戒烟、上学、运动、与他人更融洽地相处等,问题都在于信心而非重要性。举例而言,大部分高中生都知道高中文凭很重要,任何工作都会用到,包括星巴克的咖啡师(现在甚至都要求有学位了)。不过,不是每个高中生都有信心拿到文凭,特别是对患有学习障碍或注意缺陷多动障碍的孩子,他们在学业上会遇到更多困难。孩子经常要面对无休止的说教,被告知学业有多重要,但大部分孩子早都已经知晓这一点了,问题出在信心上。

让重要性与信心结合

有两个问题可以帮助你了解孩子对一项任务重要性的看法，以及承担这项任务的信心水平。假设你的孩子对某项任务表现出抗拒或犹豫不决，比如从高中毕业这项任务。试着问问他下面两个问题：

- **问题一（关于重要性）** 评分 1~10 分，10 分为非常重要，高中毕业对你来说有多重要？
- **问题二（关于信心）** 同样的评分标准，你有多少信心可以从高中毕业？

通过这种对一项任务重要性与个人完成信心的评估，真正让孩子裹足不前的问题会浮现出来。这时候你就可以对症下药。

假设你的孩子缺乏准备考试的动力。当你问："评分 1~10 分，10 分为非常重要，你认为这个考试对你来说有多重要？"如果他回答："我觉得它跟我的人生一点关联也没有，但我想要跟所有朋友一起毕业，所以应该是 8 分吧。"接下来你又问："好，用同样的评分标准，你有多少信心可以拿到你想要的分数？"他或许会说："3 分。我们老师很不公平，不管我再怎么努力，就是考不好。"显然这里是孩子的信心问题，这表示你再怎么长篇大论考试有多重要，都无法提升他的内在动力。所以你要做的应该是和孩子一起解决有关老师的问题，重建他的信心。

处方 10

运用海豚秘诀去激励孩子

重要性和信心都是动机不可或缺的要素，但我们要如何激励孩子去做日常生活琐事，又不让自己被逼疯？当然了，沟通是必要的，但不是随随便便沟通就行了。孩子对我们的语调、站姿、表情和其他非语言线索都非常敏感。所以我们说话的内容和方式很重要。我开发了一个四步骤的"海豚秘诀"作为有效的激励沟通法，过去十几年来我一直使用它。这个方法第一次可能不管用，你或许需要一些练习才能做对，但它累积的效果能帮助你激励孩子。

　　这四个步骤的海豚秘诀是激励沟通的精髓。它们是孩子自我激励能力的补充，但不会妨碍孩子自我激励能力的发展。这四个步骤是从动机性访谈的四大基本原则改编而来的。动机性访谈由新墨西哥大学（University of New Mexico）的比尔·米勒（Bill Miller）教授和卡迪夫大学（University of Cardiff）的史蒂夫·罗尼克（Steve Rollnick）教授共同提出的，经证明可以提升动机。如果你按照这四个步骤来做，所有沟通都会变得更有效也更容易。

　　步骤一：杀死老虎　如果老虎在你心中咆哮，先做几个适当的深呼吸，确定自己冷静下来之后再继续。

　　步骤二：发挥同理心　表达出你了解你的孩子并跟他站在同一边。

　　步骤三：认清孩子的目标　站在孩子的立场上，认清他的目标（而不是关注你自己的目标）。

　　步骤四：加油鼓劲　表达出你相信孩子有能力完成任务。

　　步骤一：杀死老虎　让生气地大吼大叫的老虎跑出来是行不通的。行为科学告诉我们，争执只会带来反效果，特别是当你的目标为说服某人改变某种行为。事实上，研究显示，争执的过程容易让一个人更加固守自己的信念。我每一次都会在我的工作坊里示范这一点。我请大家两两一组，其中一个人试着说服另一个人大海不是蓝色就是绿色。毫无例外，大概 3 分钟之后，每个人只会更加坚持自己的立场。

面对孩子的抗拒，表示我们应该改变策略了。我们都知道你越逼迫孩子（或任何人），他们抗拒得越厉害，而且往往（外在或内心）变得更叛逆。青少年尤其如此。

所以如果你发现自己跟孩子吵得不可开交，而孩子又在捍卫一个你不想进一步展开的观点，比如，"大麻没有那么糟"——那就停下来，做做别的事，以后再来讨论这个问题，不要争论。我知道在肾上腺素飙升时不太可能做到，但这就是为什么你必须离开这个情境，做几次深呼吸，冷静下来然后找回重心。一旦没有了老虎的阻碍，你便能打造一个平衡和具有引导性的环境。

步骤二：发挥同理心　　长久以来同理心一直是人类建立情感和引发动机的有力工具。同理心和同情心不同。同理心是"感同身受"的能力，真正理解他人的心境，体会别人的感受。至于同情心，则是为他人处境表达哀伤的能力，看到别人的感受。

同理心不容小觑。它具有极大的影响力，却往往被忽略或漠视。同理心是所有关系的基础，当事情脱离轨道时它会变得尤为重要。我在过去十几年协助儿童与青少年的过程中，亲眼见识到发挥同理心经常是唯一可以改善情况的方法。每个人都希望心声被听见，每个人都相信自己的意见和想法有价值，每个人都想被理解，还有更重要的是，每个人都渴望无条件地被爱、被接纳。

孩子不希望自己是因为良好的行为或顺应外在期望才被爱和被接纳。因此，在事情进展得不顺利或一段关系受挫时，更要展现同理心。这不代表你要去认同一个有问题的行为，但你必须花心思理解这一行为背后的感受以及可能的原因。同理心能显示出你接纳孩子的本质，包括他所有的缺点。举例而言，父母可以完全反对孩子吸大麻，但仍"接纳"孩子。

对孩子表达同理心能与他们建立同盟。有了这种同盟关系，你的孩子在未来（以及现在）更有可能向你求援。最重要的是，接纳能促进改变。孩子只有在感受到自己的本质被接纳时才更有可能改变。否则会一心想要证明自己的本质值得被接纳而困在原地。一个吸大麻的年轻人如果感觉到他只有戒毒才能得到爱与接纳，那么他会愤恨不平而不愿意改变。

同理心也能提升孩子的自尊心，因为他很有可能在困境中感到孤独或自责。既然我们都是过来人，不如让孩子知道你也犯过错或在年幼时也有过同样的感受，这将大大有助于你表达同理心。同理的话语包括：

- "让我知道你在想什么／有什么感受。"
- "我看得出来，你现在不想写家庭作业。"
- "我看得出来，你很难过。"
- "我可以理解这对你来说很困难。"
- "我也希望你可以玩得开心。"
- "我不想扫兴，可是……"

步骤三：认清孩子的目标　　人做事都是有原因的，每个行为的动机都出自个人价值观与目标。孩子也是如此。当然，有时我们必须借助威胁和奖赏等外在控制来影响孩子的行为，我自己在教养过程中也不时使用这些手段（例如我在写这一页的时候告诉儿子，要是他再不清理饲养箱，我就要把他的壁虎还给店家）。不过这么说产生的效果可能维持不了多久，所以，父母还是越早开始培养孩子的自控力越好。

孩子想要内化动机就必须将行为和自己的目标做联结。试着帮助孩子去理解他当下的行为可能会对他的个人目标产生正面还是负面的影响。当他做出偏差行为时,指出这种行为和他设定目标之间的矛盾,可以暗示他背道而驰的行为可能会阻碍他达成预期目标。

如果孩子的行为和目标之间的联结不是很明确,那么让孩子自己找到联结远比父母告诉他来得有效。不过,父母当然可以引导孩子做这件事。看一看下面两个情境。父母通过展现同理心以及厘清行为和目标之间的联结,可以引导孩子自己解决问题并说出真心话。

情境一

父母:"如果你硬要我给你这块饼干,你觉得会发生什么事?"(平静而富有同理心)

孩子:"我不知道。你会把饼干给我?"

父母:"不会。其实,如果你没礼貌又强迫我,我就不想给你。你觉得该怎么做才能让自己得到想要的东西?"

孩子:"我可以好好问。"

父母:"对,还有呢?"

孩子:"我可以有耐心,等你先把事情做完。"

情境二

父母:"如果你一直不写家庭作业,你觉得这对你打篮球会有什么影响?"(平静而富有同理心)

孩子:"讨厌的老师会跑去告诉教练,害我坐冷板凳。你说过如果我成绩退步就不再带我去篮球营,我的练习不够,就选不上明年的篮球队。"

父母:"所以你觉得写家庭作业会让你离明年的篮球队目标更近还是更远?"

孩子:"更近吧。"

在以上两个情境中,父母可能很想对孩子说:"好好跟我说话!"或:"如果你再不乖乖写家庭作业,就进不了篮球队!"但这样比孩子自己得出相同结论并说出口的效果差很多。记住,说者会比听者产生更多神经元突触。

步骤四:加油鼓劲 人在相信某件事很重要并且觉得自己能做到的时候就愿意改变。父母只要支持和鼓励改变的信念就能支持和鼓励"改变"发生。孩子常常觉得自己达不到父母的期许,所以父母对孩子真正的能力若抱持希望和乐观态度就能帮助孩子产生更多信心。步入正轨的家长会说:"我知道你有能力理解这件事。""我确定你会找到解决方法。""我知道你会做出正确决定。"这样的话语把责任放在孩子肩上,就像搁浅的海豚一样,孩子必须自己想办法"回到开放水域"。你在试着引发孩子的内在动力时,记得要让他们相信自己有能力独当一面。

如何在日常生活中应用"海豚秘诀"?

以下是一些如何在不同情况下应用海豚秘诀的例子。我假设你已经完成了步骤一,杀死了老虎,所以你会注意到下面的话语中没有老虎的存在,这意味着你在说这些话的时候不要咆哮!

- **孩子早上迟到** "我知道人在早上很难打起精神(发挥同理心),但你的目标是不再迟到(认清孩子的目标)。加油,我知道你可以动作再快一点(加油鼓劲)。"

- **孩子不想写作业** "我以前也很讨厌做功课(发挥同理心),但你肯定不想错过自由时间和课间休息吧(认清孩子的目标)。还好你只要用心就能做得很快(加油鼓劲)。"

- **孩子抗拒足球练习** "噢，你今天看起来好像很累（发挥同理心），但你不去练习就无法准备接下来的比赛（认清孩子的目标）。你每次一上场就会精神百倍（加油鼓劲）。"

- **孩子不想练钢琴** "你觉得又烦又累（发挥同理心），但如果这首曲子你弹不好就无法参加独奏会（认清孩子的目标）。我知道你可以再试一次（加油鼓劲）。"

- **孩子不想吃晚饭** "我知道，让你吃不太爱吃的食物很痛苦（发挥同理心），但如果你不吃，我们就不能去公园（认清孩子的目标）。你以前吃得很好，我相信这次也能做到（加油鼓劲）。"

现在我们已经有了一些支持海豚式育儿的行为处方，知道在跟孩子相处时要如何运用情感联结、肩并肩引导和以身作则，接下来我们要思考的是孩子需要做些什么，以获得健康、快乐、内在动力及各方面的成功！

PART 04

迎接转变

创造健康、快乐又充满
内在动力的人生

第九章

持久不断的内在动力

大部分人只要看一眼诺贝尔奖得主约翰·格登（John Gurdon）爵士早年的成绩单，十有八九会认定这个年轻人注定一辈子跟科学无缘。15岁时，他的生物课成绩在年级250名同学当中排名倒数第一，但他仍表达出想要在大学修读科学的强烈渴望，这让当时的生物课老师很恼火，还在成绩报告单上写下了这段话：

> 我相信（格登）想成为一名科学家，但是以他目前的表现来看，这个想法实在荒谬。若他学不会简单的生物学知识，未来不可能胜任专家的工作，不管是对他自己还是必须教导他的人而言，这根本是在浪费时间。

格登后来去了牛津大学修读拉丁语和希腊语，这对许多人来说算是相当不错的结果了。然而格登并不满意，他还是对科学满怀热忱，因此他的父母帮他找了一位科学家来辅导他。我们都知道一个孩子缺课之后要跟上进度有多难，更何况格登有很多洞要补。他开始用功念书，尽力把落下的补回来。

格登最后证明他的科学没那么差。他拿到动物学博士学位之后，在细胞生物学领域屡屡创新。他在 1971 年入选英国皇家学会院士，并在 1995 年被授予爵位。2004 年，维康信托基金会和英国细胞生物学癌症研究中心以格登的名字命名为"格登研究所"（Gurdon Institute）向他致敬。格登在 2012 年因突破性的研究证明成熟细胞可转化为干细胞而获得诺贝尔生理学或医学奖。他把当初生物老师给他的成绩报告单裱了起来。

对格登来说，他是幸运的，他的好奇心引发了他强烈的内在动力，就连最苛刻的老虎也无法浇灭他的热忱。他的 CQ 发展健全，在一个原本很有可能埋没他诺贝尔奖资质的体制中依然脱颖而出。

有了内在动力，你就不会那么害怕挣扎、错误和失败，也更加渴望获得有益身心的非结构化学习、玩乐和探索。内在动力将帮助你在面对任何困境时保持动力，也能帮助你迎接复杂的认知和情绪挑战，因为你可以批判地思考、发挥创意和沟通合作。健全的内在动力和高 CQ 是相辅相成的。

我们都希望孩子能坚强到足以面对生命中所有逆境，但我们是否正协助他们发展出了在逆境中力争上游的动机？没有人会回答"否"。那我们换一种方式来问。它看起来很简单，但相信我，事实并非如此：你想要一个乖巧听话的孩子，还是充满内在动力的孩子？花点时间想一想再回答这个问题。

你的回答可能是你希望孩子完全照你说的去做。但难道你不希望他最终能为自己负起责任，找到自己的路吗？没有父母希望孩子跟自己同住到 30 岁，没有好奇心，没有热情，没有兴趣从事任何活动或追寻任何目标。如果你希望孩子健康、快乐、成功而且凡事靠自己，你不得不培养（但不介入）他们自然的内在动力。

相反的，如果你的答案是你想要一个积极又有想法的孩子（这也是我想要的，顺带一提）。我先警告你：养出一个能够独立、批判性思考的年轻人比养出一个听话的老虎难多了。不过会更令人满足。

不管我们想要什么样的孩子，他们都需要内在动力来照料自己，无论是不用别人唠叨就主动整理房间，还是在 40 岁之前从家里搬出去独立生活。

什么是内在动力？

内在动力是教养的至高目标。事实上，我想说它是所有人类快乐的至高目标。身为医生，我不能过度强调它的重要性；身为母亲，我不能夸大我在实践时的困难程度。现在，我如此努力地实践，应该给了你一点启示。帮助孩子发展内在动力很简单，但并不容易。

内在动力涉及一种行为，因为它对个人是有益的。内在动力和欲望不一样。举例来说，现在很多青年想要拥有金钱和地位，但他们不一定会受到内在驱动去追求这些事物。内在动力是想要某种东西并愿意为之付诸行动。

由于外在动机是基于别人的愿望而非自己的，一旦外在压力、要求、奖赏或惩罚消失，行动也会停止。

每个人的内在动力不同

我们都知道孩子没有适当的动力无法走得远。但驱动他们的到底是什么？让父母和孩子头痛的是每个人看内在动力的角度都不一样。你的孩子可能认为他做某件事充满动力，但你可能觉得完全不够。

假设有两个人都住在距离健身俱乐部三个街区之外的地方。A 开车去，B 走路去。你觉得这两个人从事运动的内在动力相同吗？

有些人会说："当然不同！如果 A 真的想要健身就会走着去俱乐部！"其他人可能表示："两个人都是去健身房啊！谁管他们怎么去的？"这两种意见都说得通。搞不好 A 和 B 都是懒虫，去健身俱乐部只是为了跟别人聊天，根本没怎么运动。搞不好 A 隔天要跑马拉松，为了保存体力才开车过去。搞不好真实情况跟我们想的完全不一样。

改变的阶段

内在动力不是一个固定的人格特质，要么有，要么没有。相反的，它会随着各种因素的变化而变化。我们不要把小孩（或我们自己）分成"有动机"或"没动机"两种类别。因为人类大脑具有神经可塑性，我们可以通过多种方式改变自我和行为。

我们要怎么帮助孩子培养内在动力以改变行为呢？在这之前会经过一连串的阶段。知道你的孩子位于哪一个阶段将有助于你了解他们的心境并提供适当的支持，从而帮助他们迈向成功。以下是改变的六个阶段和相关技巧：

- **思考前期** 个体没有改变行为的意愿。他们可能会否认问题的存在或是不觉得自己需要改变。**支持技巧**：把他们的感受当一回事并鼓励他们评估自己的行为。跟他们一起列出目前行为的好坏（以同理而非批判的态度）。在此阶段这么做很有帮助。

- **思考期**　个体愿意思考改变行为所带来的好处，但他们会在改变与不改变之间因为许多原因而产生矛盾。**支持技巧**：鼓励他们想一想改变行为所带来的好处与坏处，引导他们把注意力放在正面结果上。

- **决定／准备期**　个体开始看到改变行为的好处大于持续目前行为的好处。他们准备好也决定要付诸行动，但尚未采取任何具体步骤。**支持技巧**：分析阻碍在哪里，帮助他们解决问题；找出他们在改变的过程中可以信赖的支持；建议他们先踏出一小步。

- **行动期**　个体相信他们可以改变行为并积极实行。个体依赖内在动力来继续行动。"处于这个阶段的人也比较愿意接受帮助和寻求他人支持（这是非常重要的元素）"。**支持技巧**：加强他们处理障碍的自我效能，提醒他们新行为的长期效益。

- **维持期**　这个阶段的个体试图维持新行为，避免受到影响（例如他人或其他情况引发的）而故态复萌。他们会提醒自己到目前为止的良好进展。**支持技巧**：加强新的改变所带来的内部奖赏。

- **复发／再循环期**　到了某个时间点，内在动力可能会消退（别忘了内在动力是浮动的），个体可能故态复萌。**支持技巧**：这个时候最好跟个体一起评估是什么原因而引起复发，并制定相应的策略，让个体重回正轨。

我们用一个家庭作业的例子来说明这几个阶段。在思考前期，你的孩子可能会想：家庭作业？我才不做。我的成绩都及格了。我要刷脸书。接着来到思考期：我真的很想上脸书，但我应该先做作业，不然我会通不过那门课。过了一阵子之后进入决定／准备期，通常会出现新的信息：上次作业没做好。如果再不开始注意家庭作业我肯定会通不过这门课。然后是行动和维持期，可能整个月都好好按时完成作业了。接下来是复发期：反正老师就是讨厌我。这门课一点都不好玩，我根本不可能及格。管他什么家庭作业，我要继续刷脸书。

在这几个不同阶段中摆动很正常。没有人（特别是孩子）在做每一件事时都可以永远处于行动期。虽然如此，许多家长期望孩子在做他们（家长自己）觉得重要的事情时都可以处于行动期。曾有父母跑来问我他们的孩子是不是有注意缺陷，因为他"无法专心"上课。我看了这个孩子以往的记录，发现他的行程从早到晚都被学校课业、课后活动和家庭作业塞得满满的。怎么可能有人过这样的生活还能保持专注力？大部分孩子一点都不缺乏动机。如果你的孩子在没有喘息时间的情况下无法保持全A，无法在运动和音乐上具有竞争力，那表示你的孩子完全正常好吗？要对任何行为发展出内在动力就必须具有某种程度的能量，能够从一个改变阶段迈入下一个阶段。

平衡人生：内在动力的基础

我们可以把内在动力想成是动力层次的一部分。当然，我们一开始会受基本生存需求的驱动，这在第五章已经谈过，包括营养和睡眠。我们都曾在饥饿、口渴或昏昏欲睡时感到懒洋洋和打不起精神。我们知道人类天生就会玩耍、探索、建立社交关系和贡献。这些活动也对我们身为物种的生存至关重要，因此我们会依靠内在动力和自我激励而从事这些活动。

一旦这些基本需求达到某种平衡，就能得到活力和动力面对持续的挑战。想想看你身边那些充满活力的人，你会注意到他们通常也是具有内在动力的人。保有活力需要生存基本需求的满足以及它们之间的平衡，其中一项再多也无法让一个人更有动力（例如摄取超过身体所需的健康食品或水分并不会增强我们的动力）。

我们的生理会驱使我们在生存活动之间找到平衡。举例而言，一个睡眠不足的孩子会想睡觉；如果他继续睡眠不足，身体就会失调，失眠就会找上门。对一个被剥夺了玩乐或社会联结的孩子也是同样的道理，比起"工作"，他更想先满足这些需求。除此之外，我们知道年轻的大脑从某些活动中得到的奖励更多，因此更有动力去做那些事。对幼儿来说是睡眠和玩耍，对青少年来说是社会联结和探索。孩子一定会产生动机，但问题是哪一个动机排在最前面。因此，从很多方面来看，教养就是"动机管理"。

好奇心：内在动力的根基

美国前第一夫人埃莉诺·罗斯福（Eleanor Roosevelt）曾说："我认为，在一个孩子出生的时候，如果母亲可以跟神仙教母要求赋予宝宝一项最有用的天赋，那应该是好奇心。"

我们若处于平衡状态，好奇心这项内在动力的关键要素就会自然产生。人类（和海豚）都会因为天生的好奇心和对知识的渴望而受到驱动。没有了好奇心，我们不会有动机去探索周遭世界。毫不奇怪的，好奇心跟我们脑部多巴胺的奖赏系统关系密切。好奇心根植于我们的大脑中，让我们有源源不断的继续学习的内在动力。

尽管我们对大脑已经有了广泛的了解，但是对好奇心仍然知之甚少。在美国加州理工学院近期的一项研究中，大学生被要求在脑部扫描过程中回答一些琐碎的问题。受试者读完每个问题后，必须在心中猜想答案，并显示出他们对于正确答案的好奇心。接着，他们会再次看到同样的题目以及正确解答。科学家在这个实验中发现，当学生显示出好奇心时，脑部的几个关键区域会受到较多的刺激：前额叶皮质（脑部的思考区域）、海马旁回（记忆被编码和提取之处）以及尾状核。尾状核长久以来都被认为跟知识和学习有关，最近则被认为与情绪的关系也很密切。事实上，把新知识和强大的正面情绪，比如爱，联结在一起的可能就是尾状核。对我而言，这就是好奇心的最佳描述。当我们爱上让我们感到好奇的事物，它就会成为我们的"热情"，而热情能产生强烈的动机。好奇心引领我们"走在"未知的神经科学的轨道上，发掘人类心智的惊人力量。想想爱因斯坦一句很有意思的话："我没有什么特殊天分，只有满怀热切的好奇心。"

好奇心也能让我们冷静下来。当我们用好奇的眼光看世界时，就不会做出判断或反应，而只是观察和互动。好奇心将我们带离恐惧模式，让思考脑开始运作。好奇心需要时间停下来思考（想象一下，如果想要发挥好奇心还得提前安排时间会是什么状况）。如果你忙到没时间发挥好奇心，自然无法产生动机。

自主性、掌控力与使命感：
让内在动力得以持久的驱动力

动机心理学的研究显示，只要满足以下三个条件，我们就能产生动机：自主性、掌控力与使命感。自主性是渴望指挥和控制自我人生，源自内在控制，父母可以通过平衡的权威型教养来培育。掌控力是渴望把某件对我们很重要的事情做得越来越好，源自通过玩乐来寻找并发展热情。好奇心本身就是"颠倒的 U 型车道"，激发我们克服挑战，精益求精。使命感是渴望做出对世界有意义的事，投入某个更远大的目标，源自我们对于联结和贡献的欲望。

密歇根大学（University of Michigan）的一项研究显示，我们若知道自己的工作能帮助到他人，甚至能增进我们的潜意识动机。在这项研究中，一名从大学电话募款中心获得奖学金的学生被请去给负责募款的相关人员做了10分钟的演讲，讲述了这个奖学金如何改变了他的一生。一个月后，募款人员花在电话上的时间比以往多了142%，募款增加了171%。但募款人员否认受到这名学生演讲的影响。"这几乎可以说是好心情绕过了电话募款人员有意识的认知程序，直接变成潜意识的动机来源。他们变得更想要成功，即使说不上来是什么原因。"

平衡的人生：面对挑战的力量

人类在面对挑战时也会有成就感。当我们做到了以前认为自己做不到的事，感觉很好不是吗？当我们靠自己想出办法，以独特的方式解决了问题，感觉更好不是吗？任何挑战在本质上都具有两股力量：挣扎和喜悦。没有挣扎也就没有喜悦。根据定义，挑战就是要冒险进入未知领域，因为我们在舒适圈中无法被挑战。我们必须探索、挣扎、挑战和克服压力才能生存，这就是为什么我们在历经困难之后会自然而然感觉良好。这也是为什么父母有时候不应该插手大自然的安排。

每当孩子们期待我替他们解决问题，清除障碍或降低挑战时，我会给他们讲下面这个故事：

有个小男孩看到一只蝴蝶正在挣扎着破茧而出。显然，蝴蝶正在饱受挑战，很努力地往外挣脱。小男孩决定"帮它一把"，他帮蝴蝶把茧撕开。但让小男孩大吃一惊的是，蝴蝶并没有自由快乐地飞走,而是留在原地。他有所不知,蝴蝶需要从茧里挣扎着出来才能发展出飞翔所需的肌肉和协调性。

同样的,孩子有时候也需要挣扎才能发展出独立所需的心智力量和协调性。故事中的小男孩无意间毁了蝴蝶,就跟我们的父母不经意间扼杀了孩子的应变能力和独立性一样,因为我们过早或过于频繁地介入了。每个人都有内在动力,大自然将它内置在我们的大脑中。父母不需要特别去创造,只需要避免去误导和摧毁它。

此外,我们的孩子需要体验一些压力来培养韧性。在一个有趣的实验中,布法罗大学(University of Buffalo)教授马克·西里(Mark Seery)将一群大学生的双手泡进冰水中。他发现经历过人生逆境(像是亲人死亡或生病)的学生感受到的刺激程度较低,也更能忍受这种状况。他得出结论:"有过处理负面经验的人更能培养出韧性,他们更有能力应对哪怕日常生活中的压力。"

挑战对我们也有好处。没有人要你去找罪受,但一定程度的逆境是好的,特别是在童年期,如果我们不想成为"茶杯族"(别忘了,经历太多的逆境则可能会变成"酥脆族")。

我们需要的是可以帮助我们学习和成长的挑战。当我们面对挑战、与之对抗并最终战胜挑战时,身体会刺激多巴胺路径予以回报,让我们感觉良好。我们把一项工作做好会得到极大的喜悦,而且工作难度越高,回报和满足越大。"多巴胺使人保持动力并不屈不挠地达成目标。"科学家认为,较高浓度的多巴胺和终身习惯的养成有关联,比如毅力。相较之下,较低浓度的多巴胺让我们变得无动于衷:"如果你没有每天达成某件事,你的多巴胺储量就会减少。人类生来就会勤奋做事并因此获得生理上的回报。"

心理学家安吉拉·达克沃斯（Angela Duckworth）观察儿童与成年人如何成功处理高压和具有挑战性的情况以了解其中的奥秘。答案是"坚毅力"（grit）。在一项具有里程碑意义的研究中，她调查了 2800 名受试者，其中包括西点军校学生、全国拼单词比赛参赛者、销售人员和贫困社区的老师等，以此找出决定他们成功的要诀。坚毅力是一致要素。举例而言，坚毅力比 SAT 成绩、班级排名和身体素质能更好地预测谁可以撑过美国军方著名的西点军校的魔鬼夏令营。

压力、挑战和热情全靠生理的自然反馈循环来产生和调节。因此，我们在追求成就的道路上不能失去平衡。你是否曾经实现了一个很大的目标但发现喜悦稍纵即逝或根本不存在？追求成就的成本若大于效益就会如此。这些成本通常跟我们的健康和人际关系有关。如果我们在热切追求成就的过程中有意或无意地忽略掉这些东西，成本可能会不断累积。我经常听到忙碌的家长花过多的时间追求财富和形象等越追越远的目标，忽略孩子的成长。悲伤、空虚或"不对劲"的感觉就是大自然在提醒我们没达到平衡生活的基本需求。你可以通过追求更多成就来忽视、遮掩或逃避这些感觉，但你骗不了自己的身体。

失衡、受迫或让别人帮我们把事情做好，会让我们享受不到克服困难的喜悦以及随之而来的幸福快乐感。因此，在现实世界中包括尝试错误甚至失败的学习，都不该像老虎父母认为的那样，被视为洪水猛兽。克服挑战是人生的一部分，也是极为有利的一项工具，让我们学到真正重要的适应能力。

老虎扼杀内在动力

在吼叫、贿赂和惩罚都没能说服儿子做作业之后，我对自己说，这太扯了。我可以帮助一个吸毒的青少年戒掉可卡因，却无法让7岁的儿子写字母！接着我惊觉：我有那么多激励年轻人的经验，促使他们戒酒、少玩电子游戏、应对抑郁、管理焦虑、和父母沟通、跟糟糕的男友分手以及停止滥用药品，但我却忘了把这些有用的方法带到教养自己的孩子上。事实是我无法强迫、恳求或命令我的孩子写家庭作业，就像我不能强迫、恳求或命令我的患者变得健康一样。指挥孩子做事或替他做好都行不通，我们都很清楚。但这些做法是虎式教养的核心，导致孩子依赖外在奖励并发展出外控。

如果你的孩子是因为外部压力而学习某项技能，他们很有可能会变得讨厌它，最后不再做它，即使他们拥有做这件事情的天赋。这种情况在我的诊所屡见不鲜，在高中最常见。许多在小时候会冲出门外和毁掉比赛的虎崽开始停滞不前，经常被其他在学业和课外活动中接受海豚教养的孩子超越。有些虎崽并不在乎落后，有些甚至松了一口气，因为他们快累垮了。其他的则是无法接受自己"比别人差"而一蹶不振，因为他们就跟茶杯一样脆弱。在高中时期想要在竞争中脱颖而出的年轻人必须拥有CQ，但他们还没有发展出CQ技能，因为自牙牙学语开始就一直生活在泡泡里，进行着永无止境的活动和练习。

外部奖励和外在动机密不可分。如果我们通过玩具、金钱或过多的赞美来引发动机，会剥夺内在奖励（也就是让人持续感到快乐的神奇多巴胺）产生的机会。

普林斯顿大学（Princeton University）心理学教授山姆·克拉克伯格（Sam Glucksberg）就展示了当涉及内在动力时，外部奖励可能带来的严重问题，特别是做需要CQ的任务时。克拉克伯格将研究参与者分成两组，请他们用最快的速度解决一个批判分析问题，并告知双方会计时。其中一组被告知他们的时间只会被用来反映一般人解题的平均时间,意思就是他们不必有压力,因为这项资料只是参考。另一组则被给予金钱诱惑:"如果你解题的速度在前25%,可以得到5美元。如果你的速度是今天所有受试者里面最快的,可以得到20美元。"你猜哪一组解题的速度较快?有金钱诱因的还是没有诱因的?有金钱诱因的那一组实际上多花了更多时间,他们比没有诱因的小组平均多花3.5分钟。这项研究证明,通过奖励引发的动机无法提升创意思考和问题解决能力。事实上,它让批判性思考和创造力变得迟缓,因为奖励的焦点太狭隘。

逼迫、要求或哄骗在任务很简单时或许有效,一旦任务变得复杂,需要用上创意和批判性思考时,这些外在激励因子便行不通了。当然,用贿赂和威胁引发动机的孩子或许可以在某个领域练就不错甚至很好的技能。举例来说,一个孩子被逼着去练芭蕾并给予奖赏,可能在短时间内她会把芭蕾舞跳得很好。但奖赏和处罚不能代替以自主性、掌控力和使命感为基础的内在动力,也无法带来满足、高兴和喜悦感。通过自己的努力来满足好奇心能得到满足感,为了更美好的世界做出贡献能得到喜悦。随着孩子年纪增长,他们必须发展出超越外在奖励的内在奖励,才能培养出内在动力并真正独立。练就卓越技能需要适应力和CQ。当然,如果光靠技术能力就能达到世界顶尖,那么依赖外在激励因子的孩子或许可以成功,只要现实生活的障碍不来捣乱。不过,在大部分情况下,经历第一次重大伤害,遭遇嫉妒的团队成员或糟糕的上司,脱离了父母羽翼感受到压力之后,这些孩子往往会走上歧路。从许多层面来看,过度强调短期成就和表现会阻碍孩子获得长期成功。

在最好的情况下,虎式教养只专注掌控力,刚好孩子(而非父母)认为这项活动重要到愿意去精通它;在最糟的情况下,虎式教养完全无法灌注孩子任何内在动力。

如果我们希望孩子拥有内在动力,那么我们自己也要展现内在动力。这表示我们必须遏止由恐惧驱动的外在动机。如果我们希望成为内在动力的典范，就必须过着平衡的生活，其中包括玩乐、探索、社交和贡献。我们也必须承担风险，踏出舒适圈，挑战自我，不因害怕失败而退缩。

孩子必须相信人不一定完美。让你的孩子自己穿衣服，就算不搭或穿反也没关系。向孩子承认自己的不完美，反正他们也看得出来。所以你可以让他们知道你接纳自己，但也愿意改进。我儿子就很爱指出我的小失误："妈妈，你又忘记带电话了！"

犯错是绝佳的学习经验。让你的孩子偶尔搞砸家庭作业，他们就知道下一次要怎么改进。说起来容易做起来难，深呼吸会对我们很有帮助。孩子必须知道每个人都会犯错，而错误是可以被改正的，我们从中得到学习。成年人必须做到从自己的错误中学习成长，来给孩子做出示范。

我有一名年轻患者一直戒不掉用激素来提升运动表现。有一天他来我的办公室，说："我再也不用激素了。"我问是什么改变了他，他告诉我他的篮球教练最近跟他讲了自己过去在运动中也犯过使用药物的错误。由于他和教练感情很好，他很崇拜教练的运动才能，所以下定决心以他为前车之鉴，不要步上他的后尘。

内在动力必须发自内心

说到底，大家都想指挥自己的人生。我们想拥有自主性、掌控力和使命感，任何人都无法由外力强加，就连父母也不行。它们跟指纹一样独一无二。

孩子想要获得健康、快乐和成功，就必须有内在动力。内在动力的来源有以下三个：（1）可以带来自主性、掌控力和使命感的平衡生活，（2）通过CQ适应现实中各种起伏的能力（这就是为什么我们要活在现实世界中），以及（3）权威型家长所培养出来的自我控制的能力。从这三点你看出来了吗，不平衡的虎式教养会适得其反伤害内在动力和独立性。

通过以身作则、引导方向和平衡生活，海豚父母以老虎父母做不到的方式展现内在动力。对孩子每个阶段的变化，通过合作而非命令，发展而非强加，引导而非指挥，以及及时反应而非漠视，我们就能激发出孩子的个人潜能，让他们变得强大。

总的来说，这些行为都无法养出一个顺从的孩子。顺从是老虎的专利，投入才是海豚的特质。投入可能带来矛盾和反抗，但这些都是孩子完全正常的反应。毕竟，有多少孩子想要读书、练琴、洗碗以及打扫自己的房间？但你的教养历程会带来极大满足，只要你顺势而为，并牢牢记住，发展健全的内在动力能让孩子（以及你自己）过得更快乐、更成功。

引导孩子迈向21世纪的成功

我们知道，支持孩子自主以及减少家长干预，能带来更好的学业表现和情绪管理，而这正是海豚父母致力的目标。既然你现在已经建立了平衡的生活，和子女肩并肩同行，也了解了内在动力的重要性，那么你就正在游向CQ中的四个"C"、适应力、独立性，并在21世纪迈向成功。以下处方，可以帮助你更好前进。

处方 1

让学习变得好玩！

乐趣可以是一项有力的教导工具。提升学习经验的一个方法就是把正面情绪带入任务。我们在直觉上都知道和心情好的人共事比和心情不好的人共事更能产生动力。那么如果在进行任务前先看一张可爱的照片会怎么样呢？日本的研究员对一组学生做了测试，在他们进行一项要求灵活性的任务之前和之后让学生们看可爱宝宝、小狗或小猫的照片。研究员发现，只是一些短暂"可爱"的图像所引发的正面情绪就能增进表现！

许多孩子不喜欢做数学习题，我们自己在长大的过程中也是。我爸爸知道这一点，便利用玩耍来教我们五个小孩数学，我们兄弟姐妹最小和最大的差12岁。爸爸很会倒立，但为了逗我们开心，他会故意用很扭曲夸张的表情做出快跌倒的滑稽姿势，大家都觉得很搞笑。这是他教数学的搞笑秘密武器。爸爸常常在开了一整天的出租车之后疲惫地回到家，但他的口袋里总是装满了惊喜。他会在客厅倒立，我们都会停下手中的事，围绕在他身边。我们会喊出质数和平方根方程，如果答案正确，他会抖抖腿，让几枚铜板掉出来。所有铜板由几个小孩平分。我们知道他几分钟就会累了，所以没有时间争论或吵架，只能发挥创意互相合作（我的哥哥姐姐会伸出手指来帮我）。到现在几十年过去了，我还是很喜欢数学，而且永远记得157是质数，一想起来脸上就会挂上大大的微笑。

处方 2

为积极行为提供有选择性的正面强化

所有的动物，包括人类，都能从正向强化中受益，尤其是当这种强化来自与之有个人联系的人。正强化治疗儿童口吃的研究令人兴奋，它颠覆了整个治疗领域。过去，语言治疗师会将口吃儿童念不出来的字句段落切成小部分，然后花数小时的时间重复训练，直到他念正确。现在，新的方法只需要针对正确句子使用正向强化，完全忽视不正确的句子即可。结果非常惊人，尤其是当父母接受训练后每天应用这项技巧时。儿童改善口吃的速度和他们被纠正的次数之间存在直接的负相关。也就是说，越是把焦点放在错误上，孩子就越会犯错！不过，这种治疗方法和为了赞美而赞美是不同的两件事，接下来的处方将说明后者的明确坏处。

处方 3

避免过度或空泛的赞美，强调过程而非结果

斯坦福大学（Stanford University）心理学教授卡罗尔·德韦克（Carol Dweck）发现，人类有两种基本的心理思维模式：固定型和成长型。过度赞美或强调正确答案会导致固定型心态。这些孩子相信自己"聪明"或"有天分"，因此不愿意去冒险让这种固定的信念被粉碎。他们可能不那么好奇，也很少问问题，因为他们的字典里没有"无知"两个字。他们也不太愿意面对较为困难的挑战，因为绝对会犯错。

相比较之下，德韦克发现，具有成长型思维的孩子更愿意"去尽力学新的东西。他们接受挑战，不轻言放弃，失败了会再站起来"。我们可以通过强调努力、解决问题的能力、一致性和过程来培养成长型思维。

在一项说明固定型思维和成长型思维的区别以及"空泛"赞美的坏处的实验中，一群孩子被要求做简单的智力拼图，大部分孩子都能轻松过关。但接下来德韦克只跟其中几个孩子说他们有多聪明、多厉害。结果显示，没有被夸聪明的孩子在继续拼逐渐增加难度的拼图时更有动力。这些孩子进步更快，也表现出更多对拼图的兴趣和更大的自信。他们享受拼图本身带来的快乐，而不是结果。

虽然看似违背常理，但盲目赞美孩子的能力和表现会影响他们的自信心。不过，如果你强调的是孩子如何得出答案的，而非关注这个答案是否正确，他们就会更加努力，愿意冒险，并尝试新方法。举例来说，如果你称赞孩子在解数学题的过程中付出的努力，而非关注答案本身正确与否，他会更愿意从经验中学习并再次尝试。

我的大儿子以前习惯数自己的进球数并向所有人宣告（这可能是因为我们过度称赞他，不小心强调了结果而非过程）。而太关注射门显然开始影响他在防守、传球和阵形上的表现。这件事实际上影响了他身为球员的发展。虽然要忍住不去称赞他很难，但现在我们都尽量聚焦于比赛过程中付出的努力。这个小小的改变帮助儿子更投入整场比赛，成为发展更全面的球员。根据海豚秘诀，我告诉他："射门得分的感觉当然很棒（发挥同理心），可是你想要成为更好的球员，支持你的队友（认清孩子的目标）。如果你不是只想着进球，一定能同时实现这两个目标（加油鼓劲）。"

处方 4

在介入和提供反馈前，先让孩子自己尝试

在你给出任何指导或建议之前，先让孩子试试看。事后再指出哪里做得好、哪里需要改进才能成功。接着让他再试一次。重复这个过程直到他可以自己解决问题。如果任务很复杂或时间紧迫，先请他描述他会怎么处理。在哈佛读书时，每次我问指导教授问题，他都会让我先回答，即使我完全没有头绪。我感到十分挫败，因为我从那么远的地方来到这里就是为了让他指导，而不是自己胡乱摸索！不过，只要我遇到问题时自己先试着解决再去问他，他都会花时间帮助我找出逻辑上的错误，然后要我再试一遍。经历了这样的过程之后，我很快学会了复杂的研究方法，也看出了指导教授其实是在磨炼我的技能，让我更努力地靠自己解决问题。

我的儿子以前写家庭作业时，经常自己还没尝试就要求别人帮忙。我跟他解释写家庭作业的重点不在于答案对错，而在于查缺补漏。我使用海豚教育秘诀告诉他："我知道直接告诉你怎么做会比较简单（发挥同理心），可是这样无法让你变得更独立（认清孩子的目标）。我相信只要你自己再多想个几分钟就能找出解答方法（加油鼓劲）。"我还告诉他："家庭作业的目的在于练习、犯错和找出需要学习的地方。"我连续两个星期每天都在讲同样的话，就跟一名优秀的政治家一样。我坚持这套说辞，一再重复，不管他试图用什么伎俩让我帮他，我都不为所动，直到他自己开始写作业。结果你猜怎么样？当弟弟写家庭作业遇到问题跑来找他帮忙时，我大儿子一字不漏地用我的话来回应弟弟！

处方 5

帮孩子分解问题而非解决问题

举例而言，假设你的孩子一直解不出家庭作业的某道题而深感挫败。别一下子告诉他该怎么做，而是问他哪里卡住了并追问一下原因。接着鼓励他把题分解成小步骤。如果真要帮忙，给个线索或小建议就好。在解题过程中，如果他卡住了，可以跟他说："只差一点了。"或："如果你试着这样做，我就可以帮你。"

克洛伊很喜欢科学，但她有社交焦虑。科技展即将来临，老师建议她提交作品，但克洛伊想都没想就拒绝了。爸爸很想鼓励克洛伊报名，但又不想强迫她。于是，他使用了海豚秘诀："我看得出来报名科技展让你觉得很害羞（发挥同理心），但你也告诉过我，你不希望因为害羞而退缩（认清孩子的目标）。你这么喜欢科学，一定做得到（加油鼓劲）！我真的认为你应该报名，但我不会强迫你。"当克洛伊意识到自己可以控制情绪时，她便敞开心扉对爸爸说了她预计参加科技展会遇到的障碍。爸爸并没有替她解决问题，而是引导她自己去解决。比如，克洛伊说她在陌生人（也就是评审）面前介绍作品会很紧张，爸爸就建议她通过其他方式介绍，像是把介绍打印出来、用艺术形式呈现或拍成影片。克洛伊觉得拍成影片这个主意不错，但不知道该怎么做。爸爸帮她分解步骤，指导她怎么录像，并把笔记本电脑借给她，以便在展位上播放。克洛伊的父亲是她完成这件作品的向导和队友，而非监督者。这件作品仍然是她的，她介绍作品时感受到的喜悦也是。

处方 6

容许并鼓励合理风险

"伟大冰球手"韦恩·格雷茨基（Wayne Gretzky）很爱讲一句话："你不尝试射门，就永远不会进球。"学习机会也是一样，如果不去尝试，永远都不会知道错过了什么。举例来说，你玩曲棍球的儿子可能认为他不会喜欢瑜伽，一旦尝试之后，他搞不好会觉得把这项活动加进锻炼计划也不错。引导他产生好奇心、尝试新事物并承担一些风险。

12岁的艾妮卡个性谨慎，讨厌"新事物"，总是规避风险。因此，她不愿意去公园、邻居家或参加学校活动。她的父母希望引导她去探索和承担一些风险。他们使用海豚秘诀对她说："对，冒险有时候真的很可怕（发挥同理心），可是很多你想做的事情都是需要踏出舒适圈的（认清孩子的目标）。我们知道你做得到，也会大力支持你（加油鼓劲）。要不要试试看呢？"

艾妮卡的海豚父母得到艾妮卡的同意，轻轻把她推出舒适圈。他们问她从街上哪个地点走路回家觉得自在，然后每天开车接她放学后会在这个舒适圈之外一点的地方将她放下。虽然她每天都有点紧张，但走路回家越来越轻松。艾妮卡的父母很坚定地让她逐渐能够自在探索，不过他们在女儿觉得受不了或累了的时候会灵活处理。经过一个月，艾妮卡开始喜欢上独立的感觉以及父母给予的信任。到了年底，她已经可以自己一个人从学校走回家。她自信地穿越交通繁忙的街道，与陌生人擦肩而过，甚至帮忙跑腿，比如在回家的路上去杂货店捎点牛奶回家。有了自在探索的新能力之后，艾妮卡还主动询问是否可以加入学校话剧团以及参与她之前拒绝过的社交活动。

处方 7

什么都别做，让孩子体验自然后果

如果你每天都运用以上海豚策略，那么你就会帮助孩子发展出强大的内在动力和CQ。不过有时候海水会变得波涛汹涌，你需要特别的工具来应对。每个人手上都有这项特别的工具，叫作"什么都别做"。让孩子有机会自食其果很重要，不要急着把他们救出来。

高度的沮丧其实可以促使一个人做出正面行动。这种沮丧可能是缺乏动机的结果。举例来说，考试不及格可能让一个孩子感到沮丧，认为"老师会觉得我不太聪明""爸妈会没收我的游戏机"或"没尽力的感觉很糟"。任何或所有后果都有可能促使孩子为下一次考试更用功读书（也就是说，沮丧能导致行为改变）。通过自然后果，孩子会学到某个行为带来的好处和坏处，而这种认知理解可以将孩子导向或导离这个行为。如果孩子说："我不喜欢写家庭作业，但我知道它的好处比坏处多。"那表示孩子已经明确了某项行为及其后果对他的人生及自身利益会造成多大的影响。

是的，我们仍然可以没收游戏机，取消已经答应好的大餐，或提供适当的奖励。但我们不能永远做这些事，所以最好别把它们当成主要或唯一的策略。你可能很难忍受，但令人沮丧的事（像是孩子偷窃被抓到）发生时，自然后果通常更能帮助孩子发展出内在控制点以避免同样的情况在未来重演。

你让孩子在人生中越早体验自然后果，这些后果的杀伤力越小。我的大儿子在小学一年级没写完第一次家庭作业时，我很想出手相助。我很想放下手中所有事，坐下来跟他一起完成。虽然我希望他可以让新老师对他有个好的第一印象，但我忍住了。隔天我儿子放学后就冲回家开始写作业。原来老师让他下课时间把功课补完，导致他不能在他最爱的课后 15 分钟跟朋友踢足球。我没有介入，也没有骂他或帮他，他就自动自发地把作业写完了。啊，这就是自然后果的力量！

如你所见，海豚教养顺应生物本能，彰显最深刻的人类价值。海豚教养依赖直觉，但我们若处于恐惧模式就会找不到方向。它很简单但不容易。这些人生中最简单的事也最有力量，而且绝对值得去做！

第十章

海豚父母会养出什么样的孩子？

伊莎贝拉是个易怒且有点古怪的17岁女孩，她被带到我这里是因为她逃课，成绩变差，做什么事都不专心，父母对她感到失望。要知道，她之前可是个优等生。

伊莎贝拉第一次来见我时刚刚上完学校的数学和科学课，她看起来烦躁、闷闷不乐、有些孤僻。我问她在学校有没有喜欢的东西。她回答她"有点"喜欢一门选修的戏剧课。我要她多讲一点，她开始说她有多喜欢不同角色带给她的挑战。她一边说一边开始看着我的眼睛，身子坐得更直，态度也更投入了。

她告诉我她很会演戏，这是她唯一真正喜欢做的事，此时她整个人兴奋了起来。但突然之间她开始放声大哭，说父母绝对不会接受她喜欢演戏这件事。"他们要我当医生之类的。"（我知道。听起来很糟，对不对？）

我猜测伊莎贝拉的父母可能对追求艺术有些偏见，所以你可以想象当我见到她的父母，并得知他们两位都是演员，而且他们是在舞台上相遇的时候有多惊讶！事实上，他们整个家族大多是演员和表演者。

伊莎贝拉的父母热爱自己的职业，但他们认为她"聪明到"可以当医生，希望她未来从事比他们更"稳定"的工作，不必面对竞争以及有时全靠运气的演员际遇。这些论点都很合理，但伊莎贝拉的父母没想到的是女儿对数理和医学一点兴趣也没有。她很不快乐，也试图反抗，因为她觉得其他课很无聊。不能追求真正的热爱让她焦虑万分。

现在，14年过去了，伊莎贝拉发展得很好。她的父母不再逼她读理科，同意她追求艺术。不过，虽然伊莎贝拉上了很多表演课，她还是受到父母引导的影响，没有成为演员，至少不是传统上定义的那种。她找到了属于自己的道路。伊莎贝拉在大学一年级的时候选修了法律课，从中她发现了法庭充满戏剧性。令她和所有人都感到惊讶的是，她去上了法学院。

当上律师后，伊莎贝拉开始探索和尝试不同的戏剧风格，在法庭上陈述论点，赢得陪审团的支持。她开发出许多创意手法，所以即使还很年轻，但经常受邀去跟其他律师分享法庭表演的技巧。她也成了电视上专门谈论法律议题的媒体专家。身为律师的伊莎贝拉拥有辉煌成功的事业，而且健康又快乐。

我相信伊莎贝拉当初具有上医学院的潜力，虽然她对理科表现得毫无兴趣，但成绩优秀。哪种选择更好呢？不太快乐的一般医生还是快乐的出众律师？伊莎贝拉和最好的自己做了联结。

做最好的自己意思就是拥有做某件事的天赋、热情和精神，以及施展自身特质的内在动力（意味着将精神与天赋发挥得淋漓尽致）。在我看来，实现最佳自我就是将身心灵的潜能完全发挥出来，加以最好的运用。

我经常跟孩子（以及愿意听的人）谈论实现最佳自我的重要性。我最近跟 7 岁的儿子交谈，他告诉我这个点子甚至可以用在书上。我们家沙发有条腿断了。我丈夫在下面垫了几本书把它撑起来，想之后再修理（在我们家可能就这样不了了之）。儿子问我为什么书在那里，我解释说是为了把沙发撑起来。"可是妈咪，"他说，"那不是书的最佳使用方法。你们为什么要这样用？"他说得没错，那些书勉强可以代替沙发腿，但那不是原本用意，也并非最佳用途。

很多来找我的人，他们就像那几本撑起沙发的书。他们独特的天赋和热情被其他被迫去做的事情压个粉碎。显然，我们的脑袋并不像一团黏土，可以被父母捏成他们想要的样子。数不清的神经联结编织成一张功能图，热情、天赋和动机由此而生。

为快乐成功的人生奠定基础

当你成为最好的自己时，你就最有可能保持健康、快乐和自我激励，这一点并不奇怪。我想我们会对海豚着迷，是因为它们总是处在最好的自我状态，跟我们想象中的不谋而合。在自然界，老虎也会处在最佳自我状态，但人类并不想活得跟老虎一样孤独，白天大部分时间都在睡觉，好养精蓄锐准备晚上的猎捕。我们想要玩乐、探索、与群体相处、回馈社会及更多人，还有感受海豚跳出水面时脸上似乎永远挂着笑容的那种喜悦。

我之前一直在说，如果你不健康，便很难获得快乐和内在动力，而想要健康就必须让生活基本需求处于平衡状态。

接下来是玩乐。玩乐让我们找出自己的热情所在、优缺点和喜好。如果你对某个活动很有热情和冲劲，那么即使遭遇挫折都会继续做下

第十章 | 海豚父母会养出什么样的孩子？

去。毕竟我们天生就喜欢挑战和精进，但不是事事皆如此。我们想要在个人具有热忱的事物上精进。

年少时的玩乐和探索可以让我们在成年后找到最佳自我。在成年时实现最佳自我让我们继续玩乐和探索，在职场上也一样。如果伊莎贝拉的父母不准她探索戏剧的世界，又或者伊莎贝拉没有通过大量演戏来玩乐，她永远都不会发现什么东西让她开窍。她可能会卡在科学和医学的世界里动弹不得，没有机会得到快乐和真正的成功。

玩乐和探索之后是社群和贡献。由于人类生来便是社交动物，要是没有社群和贡献，最佳自我会处于休眠状态，没有人可以分享。跟朋友玩乐或是跟他人分享生活会让我们的体验更加愉悦和深刻。这不代表我们独处不会快乐。但如果选择过度竞争而与社群渐行渐远，便无法吸引或维持紧密关系。我们或许可以得到社会地位，但无法建立紧密和有意义的社交联结。如同我在第七章阐述过的，孤立或孤独不管什么时候都跟重病一样有害。

伊莎贝拉要是少了表演社群的支持（以及她对社群的贡献），可能永远都不会继续追求她的激情，实现最佳自我。一旦家人转念支持她，她开始感受到与他们分享生活的喜悦——他们对生活热爱又具有洞见。要是没有群体的支持或把自己当作更大群体中的一分子，伊莎贝拉永远不会像现在这样快乐又成功。

社群和合作之后是内在动力。最重要的是：如果我们找到了平衡，找到了最佳自我或者接近于最佳自我，动力就会毫不费力地被内化。我们不需要任何人逼迫，因为我们正在做我们好奇、想做的事。每个人内心都存在动机，让我们即使处在困难时刻也能坚持下去和适应。

伊莎贝拉过去读理科时需要父母的逼迫、督促。一旦她切换到自己喜欢做的事时，不用别人说一个字就会产生动力。但她的父母的确

225

需要跟她肩并肩走在一起，不占用太多她规划的人生空间，让她自己来掌握。

伊莎贝拉能有今天的成就全靠平衡。首先，平衡的教养产生内控。其次，平衡的生活方式产生健康和内在动力。这一切会建构出平衡的大脑，它是发展 CQ 的关键。但在我们更深入探讨 CQ 之前，先让我简单解释一下平衡的大脑如何带来健康、快乐、动机和真正的成功。

平衡的大脑

人体的大部分器官是成对存在的，比如肺、乳房、肾，它们具备同样的功能，以防其中一个失灵。但是我们的左右脑却并非如此。

我们认为左脑负责逻辑、分析，它擅长定点聚焦、分离和"分解"任务。左脑过滤并找出"有用"及明确的信息。语言处理和逻辑都在左脑发生，它的功能是提供顺序和计划。整体来说，左脑是积极正向的，具有计划或方向。

相较之下，右脑被认为掌管情绪和直觉，它擅长整体性、统一性、情感性的"大局"思考。右脑从身体和环境中提取信息以找出相关性和隐含的信息。语言的意义，比如对隐喻的理解就发生在右脑，它的功能是提供目的和意义。

你看出来了吗？我们的左右脑不仅不相同，还完美地互补。如果左脑是力量，右脑就是弹性。你可以说我们从学习中得来的知识或"书本智慧"来自左脑，那么从现实生活经验得来的知识或"生活智慧"则来自右脑。因此，如果我们只用其中一侧大脑，绝对会处于劣势。我们左右脑都需要，它们会互相联结正向影响，并抑制另一边最常源自恐惧的反应倾向。

第十章 | 海豚父母会养出什么样的孩子？

左右脑是否处于完美的平衡？还是跟身体一样，虽然可能惯用某一侧，但可以通过整合、沟通和不断校准来达到整体平衡？究竟左脑和右脑哪个占优势，一直存在争议。直到最近，左脑才被认为是优势半脑或主要半脑，右脑则是从属半脑或次要半脑。毕竟现代社会重视逻辑和分析显然胜于情绪和直觉，不是吗？这就是为什么我们需要科学研究来"证明"新鲜空气和阳光对我们有益！神奇的是我们可能一方面（从左脑来看）在逻辑上同意这个论点，但另一方面（从右脑来看）从直觉上则不同意这个论点。看来我们的左脑和右脑常常打架！但在两者之间，右脑可能比我们认为的还占主导位置。爱因斯坦明白这一点，他曾说："直觉的心灵是神圣的天赋，理性的思维是忠实的仆人。我们创造出了一个尊崇仆人却轻视天赋的社会。"

既然我们左半边的身体得到了美丽的心脏，或许让右半边的身体得到掌管情绪和直觉的优势半脑是公平的。不过，我们现在知道每一种功能，包括理性、情绪、语言和想象都不是由一侧大脑单独进行，而是需要两边整合。你可以这样想：如果右脑是 EQ，左脑就是 IQ。不过，左右脑的整合会给予我们在瞬息万变的 21 世纪里真正需要的东西：CQ。批判性思考需要纵观全局以及着眼细小处；沟通需要语言的逻辑以及情绪的表达；合作需要能够处于分离以及联结的状态；而创意需要左右脑的所有功能共同合作，不管是明确的还是隐藏的。当大脑功能像这样整合时，我们就能让 CQ 高人一等并随时适应环境。请别忘了我们最重要的神经可塑性：大脑在形式和功能上的适应能力。通过平衡的生活，我们的大脑也能提高平衡和整合能力。

高 CQ 如何造就孩子的成功

我们来回顾一下，CQ 的四个要素"C"分别是创意、批判性思考、沟通以及合作。CQ 并非偶然也不能由外力施加，必须由内而生。如果你的动机来自外部，要发展出高 CQ 则希望渺茫。CQ 越高的人越能适应环境，越能适应环境的人就越健康、快乐和成功。还记得我们在第三章谈过乔治·维伦特的格兰特成人发展研究吗？成功的关键决定因素在于一个人是不是属于成熟适应型人格。

我们来看看 CQ 技能如何造就孩子未来的成功与快乐。

创意与批判性思考

"它比我们聪明。"佛罗里达群岛海豚研究中心主任凯利·佳可拉（Kelly Jaakkola）这么说，她指的是宽吻海豚坦纳（Tanner），它被要求在蒙上眼睛的情况下模仿训练员的行为。虽然坦纳看不见训练员在做什么，但它找到了具有创意的解决方法：它在水里发出声音，通过回声定位辨识训练员的动作，然后完美复制！

很多人认为，一个人有没有创意是与生俱来的。事实上，创意跟天分并没有很大关系，倒是跟你怎么运用天分很有关系。很多资料清楚地指出了这一点：许多科学家广泛研究过这个问题。他们的结论是，智商约 70% 仰赖基因。不过，创造力仅有 30% 仰赖基因，剩下的 70% 来自环境及学习方式。也就是说，来自学习的过程。根据《创意游戏大全》（*The Big Book of Creativity Games*）作者罗伯特·爱泼斯坦（Robert Epstein）的说法："没有什么证据显示一个人天生比另一个人更有创意。"反之，他表示，创意是任何人都可以通过玩乐和探索来培养的。

第十章 | 海豚父母会养出什么样的孩子?

另一种常见的看法是创意仅局限于艺术,比如音乐、戏剧和文学。没错,艺术是创作,但不是每个艺术家都很有创意。举例来说,有些年轻的音乐家(可能包括你的子女)拥有惊人的技术能力,但他们的表演没有灵魂。相比之下,有些热爱数学的学生可以从数字和符号中创造出真正鼓舞人心的东西。

有创意可以做出新的东西,像是一首新的交响曲、一本新的小说或一个新的算数方法。但它也常常可以是投入某样已经存在的事物中,创造出全然不同的绝佳感受。一名演员不需要重写莎士比亚的《罗密欧与朱丽叶》来赢得满堂喝彩,一名指挥家也不需要重编贝多芬的第五号交响曲来赋予音乐新生命。创意可以是将你的热情运用在一项现有活动上并为世界做出原创贡献。

另一种常见但错误的想法是,商业和创意毫不相干。毕竟还有什么比需求、供给、利润和财务报表更没有创意的?〔虽然每次一有新的金融丑闻爆出,我们常常会听到"创意会计"(creative accounting,意谓做假账)这个字眼!〕商界需要不断适应变动的消费者需求以及经济生态。企业常常创造出原创新品,但这些"新品"往往是现有产品特色的混合,或是将现有产品做一点创新改变。很多人都会同意史蒂夫·乔布斯是我们这个时代最具创意的人之一。但他并没有发明个人计算机、手机或平板电脑。他所做的是运用创意让这些产品变得更好。

到了某个程度,批判性思考和创意的界线会变得模糊,解决问题等也用到了创意。批判性思考需要分析大量信息,包括互相矛盾的想法并挑战我们原本的想法,去芜存菁;找出模式并得出结论;以及保持开放态度和合理的怀疑精神。在这个联系日益紧密、全年无休的世界里,想要从各式各样的观点中解读数据特别重要,其中有些观点可能跟我们自己的很不一样。一个真正的批判性思考者可以放下过去的假设,接纳不

229

同"可能性",真诚地探索新点子并跳脱框架思考。批判性思考能力可以通过自由提问而非被动指导来培养。

创意和批判性思考需要平衡的心理状态。压力、外在逼迫和缺乏自由时间都会扼杀创意。相较之下,睡眠、玩乐和社群伙伴关系可以大大增进创意和批判性思考。

悲伤、恐惧、愤怒和焦虑会阻碍创意。一项针对大学生进行的研究显示,悲伤会让他们害怕犯错,不敢实践新想法。显然,改善情绪能够增进创意与批判性思考,比如应对发散性思维任务、为故事设计新结局、独特的字词联想,甚至是解决道德难题。创意领域的首席研究员凯伦·加斯珀(Karen Gasper)说,当你觉得陷入瓶颈或失去动力时,可以"散散步,看一部喜剧片,跟朋友出去走走,休息一下能帮助你感觉好一点,从新的角度看待工作。"对我来说,这些研究结果听起来就是运动、玩乐和社群的处方啊!

反过来也是一样。单是创意就能带来更高的工作满意度,更高质量的休闲活动与体验,更多正向情绪,更大的整体幸福以及快乐。研究显示,如果一个人感到快乐,隔天比较容易产生创意突破。

今日,创意可能不只带来快乐,还能帮我们找到一份好工作。在《哈佛商业评论》近期发布的一项调查中,1500位世界顶级CEO认为,创造力是未来领导能力的第一要素。

如何才能有效沟通

科学家长期以来一直在争论海豚那一整套奇妙的口哨声、啸叫声、咔嗒声、爆破声和其他声音,是否复杂到足以构成实际的语言。毋庸置疑的是海豚的确利用这些声音和肢体语言来沟通。每一只海豚都有独特

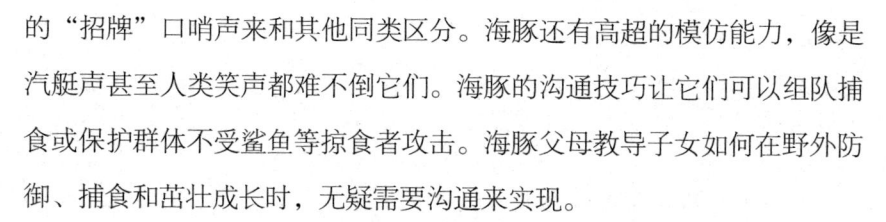

的"招牌"口哨声来和其他同类区分。海豚还有高超的模仿能力，像是汽艇声甚至人类笑声都难不倒它们。海豚的沟通技巧让它们可以组队捕食或保护群体不受鲨鱼等掠食者攻击。海豚父母教导子女如何在野外防御、捕食和茁壮成长时，无疑需要沟通来实现。

在所有 CQ 技能中，沟通对于现代社会的互动最为重要。所有动物都需要有效沟通才能生存，但身为最具社交性的动物，人类是最需要沟通的。你可能超级聪明，能够跳脱框架思考而且 EQ 很高，但如果没办法用有效和有趣的方式表达自己，没有人会知道你拥有这么多天赋。

有效沟通可以大幅改善领导能力，因为你能够激励别人并适当传达信息。好的沟通能帮助你避免压力或妥善处理压力，与他人产生更紧密的联结，包括朋友和另一半。

在电子通信盛行的社会，不管是面对面还是在网络上都能沟通的人，将脱颖而出成为明日的领导者。

沟通的起点是倾听技巧，不只是听内容，更要听情绪。所以如果你在长大的过程中没有被好好倾听的经历，你也会很难知道怎么去倾听。这就是为什么在孩提时期学会沟通如此重要。沟通的许多方面，特别是非语言沟通，都仰赖直觉。细微的行为，比如眼神接触、点头、微笑、拍肩或是偶尔的肯定语句，都显示出你在认真倾听。不过，它们必须自然而然地发生，否则会让沟通分心。事实上，如果我们言不由衷，非语言信号会"露馅"，无意中传达出矛盾的信息。举例而言，你说你"对那个想法持开放态度"，可是却双手抱胸、身体往后靠，这就是沟通矛盾。不过，你可以有意识地利用肢体语言强化你的想法，像是在紧张时故意站高，肩膀往后收。这么做不但看起来更有自信，你也会觉得更有自信，因为你的大脑和身体在不断沟通！

沟通技巧通过一生的玩乐、探索、社群和贡献来发展。请看一下表

10.1。它列出了雇主认为职场新人要在工作中获得成功需要具备的"非常重要"的应用技能。你会注意到其中几个"非常重要"的技能都和沟通有关。

有些大专院校还是很重视考试成绩和分数,但毕业生被丢入的职场强调的是 CQ 技能,而他们可能几乎没有接受过这方面的训练。

表 10.1　雇主认为职场新人要在工作中
获得成功"非常重要"的应用技能

技能	重要性百分比
语言沟通	95%
团队合作	94%
专业度 / 敬业精神	94%
书面沟通	93%
批判性思考 / 解决问题	92%
英文能力	88%
道德 / 责任	86%
领导能力	82%
信息科技	81%
创意 / 创新	81%
终身学习 / 自我导向	78%
多元性	72%

资料来源:Conference Board of Canada, Are They Really Ready to Work? Ottawa: Author, 2006. Table 2, p. 20. http://www.p21.org/storage/documents/FINAL_REPORT_PDF09-29-06.pdf

合作

海豚重视合作的生活方式广为人知。海豚群体捕食时常常会围住一群鱼,然后把范围缩小成所谓的"饵球"。之后,海豚一只接着一只轮流冲入饵球,吃掉受到惊吓的鱼。要是不这样合作,海豚就活不了。人

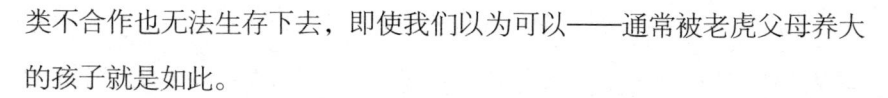

类不合作也无法生存下去，即使我们以为可以——通常被老虎父母养大的孩子就是如此。

和他人为了共同目的合作可以让我们产生更好的想法，找出更好的解决问题的方法。不管是跟兄弟姐妹、朋友、同学还是同事，我们有数不清的机会可以合作。不过，合作不只是一起做事，你还要尊重他人、值得信赖，并且有足够的能力；使用社交技巧；互相激励，互相挑战，互相启发。合作技巧可以通过在不同状况下跟不同人相处、共事和交流来深化。合作是社会联结的基础，一定会让我们快乐！

儿童最早得以深入探索合作的场所之一就是教室。很多21世纪的课堂都在试图纳入更多的合作学习。只要老师当一只海豚（而非老虎或水母），这些课堂就能提供真正的优势：

- **老师和学生共享知识**。在合作学习课堂里，师生之间的信息流并非单向的。是的，老师对于某个科目是懂得较多，但拥有实际经验或想法的学生也可以对学习过程做出贡献。还有什么比教导自己的同龄人更能让人产生自信的呢？
- **老师和学生共享权威**。共享权威允许学生为自己的学习负起一些责任。通过参与设定目标、时间表和时间节点，一定程度的共享权威能教会孩子们在不久的将来，他们独立在职场上时会用到的同样的技能。
- **老师引导而非命令**。当知识和权威由师生共享时，老师会变得更像是向导而非监督者。学生被鼓励独立解决问题，并运用创意和批判性思考技巧探索替代方案。当然，老师还是得稍加督促、指引、说明，甚至在必要时控制局面。

如果我们的孩子长大成人后想要在重视合作的世界立足，他们就必须从小学习与他人合作。既然孩子花那么多时间在学校，课堂等于是提供了教导、培养和发展合作技能的绝佳机会。

在学校里，把气出在别人身上的孩子会陷入麻烦。在职场上，如果你遇到过那种不能（或不愿意）跟其他人相处的同事就知道，你常常要独自琢磨如何与这个令人不快的人共事。难怪雇主会把合作能力看得那么重，特别是在背景多元的团队里。

海豚：软技能为成功之道

你有没有发现表 10.1 中包含了 CQ 的所有技能？创意、批判性思考、沟通和合作（以及其他海豚特质，如道德/责任和终身学习/自我导向）。

在职场上，CQ 技能通常被称为"软技能"。21 世纪的职场正在变得越来越复杂、多元、相互依赖和相互联系。具备"软技能"的人通常也拥有厉害的社交技巧，和不同团队都能合作无间，清晰地沟通，根据人力资源、技术和职场条件变动很快做出调整，找到创意解决方案且能够创新。

这些软技能加起来会产生强大的领导能力，这种特质是每个人都想培养但却难以掌握的。谁在 21 世纪拥有强大的领导能力？过度竞争的老虎？酥脆族？还是茶杯族？都不是！答案是 21 世纪的海豚。海豚的创意、批判性思考、沟通和合作等 CQ 技能绝对是强大领导能力的一部分。不过，当这些技能跟同理心、社群意识和利他精神等海豚性格特征结合，海豚就会无往不利地迈向成功之道。和领导能力相关的性格特征包括正直（在没有人看到的时候依然选择做对的事）、负责（对自己和

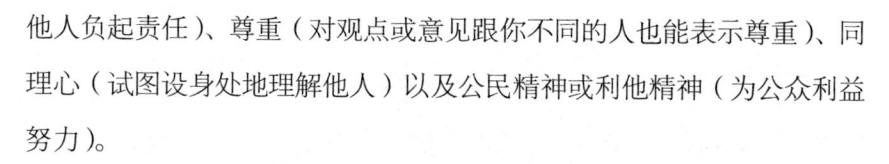

他人负起责任)、尊重(对观点或意见跟你不同的人也能表示尊重)、同理心(试图设身处地理解他人)以及公民精神或利他精神(为公众利益努力)。

强大、成功的生活因这些 CQ 相关特质而欣欣向荣:在职场、家中与社区成为可靠的人,尊重家人、朋友、同事和邻居,负责任地完成手边的工作,以及公平对待他人。此外,当你对他人表现出海豚所表现出的关怀和公民意识时,非凡的生活就会发生。"好人有好报"这句话是真的,也是竞争利他精神的精髓。我们的社会重视凡事先想到别人的人。有关利他精神的研究显示,把团体利益放在个人利益前面的个体会获得名声和地位。

人类是社交动物。因为科技的关系,世界变得越来越小。因此,我们的未来在许多层面都会更具社交性。这个事实带给海豚一项竞争优势。海豚的方式是可持续的和双赢的:海豚对社群做出巨大贡献,而他们也通过这么做而得以茁壮成长。

你或许会想,我知道很多所谓的"成功"人士根本没有这些软技能,他们一个星期工作 80 个小时,从不玩乐,没有创意,只关注自身利益。没错,老虎也可以获得成功,但这是狭隘的成功。我每天在办公室都看得到这些"成功"故事。但伴随"成功"而来的是不平衡的生活,可能导致抑郁、心脏病、不道德行为、成瘾症以及死亡。

老虎对于成功的定义通常仅限于事业与财富,但海豚的定义囊括健康、快乐、正直、社会联系、社群联结和贡献。我知道在表面上,社会通过给予事业与财富以极高的尊崇来奖励老虎定义的成功。我们经常会听到有人说:"X 先生很成功。"但这句话的意思并非 X 先生很快乐,是个好爸爸,很有创意或乐于助人。它通常指的是这个人很有钱。事实上,X 先生搞不好是个不道德的混蛋。

请记住，海豚父母对孩子的期望要高得多，他们知道能够在人生各个方面都获得成功的人一定能够保持平衡。这些人睡觉、运动、玩乐、探索、贡献、建立社会联结，而且能够产生内在动力。我们一般不会听到这些成功故事，因为没有戏剧效果足以跃上新闻版面。相比之下，可卡因上瘾者和滥用权力的老板会制造出大丑闻。这就是为什么我们时常听到这些问题，却很少听到谁过着健康快乐的人生。或许这一点正在改变。《赫芬顿邮报》(*Huffington Post*) 最近推出了博客"第三个标准：重新定义超越金钱与权力的成功"(The Third Metric: Redefining Success beyond Money and Power)，以配合一个同名会议。这个博客专注于重新定义成功，包括健康、快乐和回馈社会。

找寻海豚的快乐

父母最希望孩子得到的应该是"快乐"。奇怪的是，对老虎父母而言，快乐似乎是事后才有的想法。老虎父母把全部心力放在他们觉得孩子未来在社会上争取物质奖赏时会需要的工具上；等到孩子获得有保障的高薪工作后，再去尽情追求想要的快乐。但这样会发生问题。老虎父母有个错误的假定，认为想要在成年生活取得成功，快乐不是必要的，而孩子成年后自然会知道怎么"获得"快乐。我们知道童年所奠定的基础会影响成年生活的每一个层面。我们也知道不快乐的童年可能造成各种各样的心理问题，像是难以建立关系、缺乏自我认知以及无法应对压力，这些仅仅是其中一部分。不快乐的童年还会导致生理疾病，诸如心脏病、炎症和细胞加速衰老等身体健康问题。

什么是幸福？很多人想过这个问题，但答案各不相同。我们先来看看什么不是幸福。

第十章 | 海豚父母会养出什么样的孩子？

首先，让我来区分一下幸福和心理健康。心理健康问题，如抑郁、焦虑和药物滥用，并不是不快乐的同义词，尽管它们可能与不快乐有关。抑郁症是一种疾病，包括一系列症状，像是睡眠障碍、注意力不集中、记忆力衰退、失去活力、打不起精神、胃口失调以及情绪低落或易怒。一旦这些症状得到治疗，先前经历过抑郁的人可能会感受到更大的快乐，跟大病初愈的人很类似。

快乐绝对无法跟金钱画上等号。如今我们不太容易区分需求（needs）和欲望（wants），经常认为拥有更多、更好的东西就会更快乐。不过我们现在知道事实并非如此。一项近期研究报告显示，一名美国人一旦年收入达到75000美元，之后就算财富继续累积也不会让他更快乐；有些研究则把这个神奇的数字定在了一年50000美元。除此之外，虽然美国过去30年来GDP一直稳步增长，但人口的快乐或幸福感并没有随之上升。再多的金钱、再大的房子、再炫的汽车、再多的配件行头和名牌服饰都增加不了快乐。一项于1978年进行的著名研究，对彩票中奖者和未中奖者以及遭受意外的人进行了幸福度的测评和比较。结果，彩票中奖者并没有比未中奖者以及遭受意外的人更为幸福，在日常生活中反倒更难以找到乐趣。

我20多岁就读医学院时，在即将去日内瓦极负盛名的世界卫生组织总部实习之前，抽出了一段时间到印度一个贫穷地区服务。对我而言，印度的穷人显然比日内瓦的富人快乐。虽然我服务的印度乡村面临着贫穷、疾病和贪腐等诸多问题，但人们拥有无比的喜悦和活力。这种喜悦与活力或许来自知足感恩以及对未来的乐观态度。想想看非洲许多国家都是世界上最贫穷的地区，但他们的人民在全球乐观排行榜上却总是名列前茅。

盖洛普（Gallup）一项针对53个国家进行的调查中，尼日利亚的乐观程度为 70 分。相比之下，英国的得分是非常悲观的 −44 分。这些结果让我见识了视角的强大影响力。我们都知道遇到瓶颈和受到约束的感觉令人沮丧，但抱持乐观想法会带来动力和兴奋感。居住在贫困地区（像是尼日利亚）的人可以接受他们掌控不了个人境遇，但他们永远可以掌控自己如何看待这些境遇。我们总是可以掌控自己的观点。

当我们看待这个世界时，知道我们可以掌控自己的感受和行为，压力就会少一点，对生活的满意度就会提高，甚至可以活得久一点。或许问题出在我们分辨不清需求和欲望的不同。若是如此，对那些把更多的"东西"和更好的生活画等号的人来说，幸福就成了财富增长的牺牲品。还记得富贵病吗？它对孩子尤其不利。为什么？因为让孩子过度沉溺在物质享受中，常常会导致他们想要更多物质奖赏，不去追求真正能带来快乐的平衡生活以及使命感或幸福感。

地位和幸福之间的关系很复杂。对于地位的渴望会促使我们"在社会阶梯往上爬"，想要获得他人的敬重。努力获得他人的敬重是一件好事，因为它有助于我们更诚实、更道德，甚至更有爱心。不过，太在意地位以及害怕失去地位，可能导致地位焦虑，在我看来，这是虎式教养的主要推手。

如果幸福不是没有患上抑郁症，不是拥有金钱和地位，那它到底是什么？2011 年 7 月，联合国大会通过了一项决议，鼓励各国提升国民的幸福指数。随后，2012 年 4 月，在纽约联合国总部召开了一场名为"幸福和福祉：界定一种新的经济模式"（Happiness and Well-being: Defining a New Economic Paradigm）的会议，会议聚集了世界各国领导人和全球各个领域的专家。会议的目标是启动下一步行动，以实现新的全球观点，包括国民福祉总值（Gross National Well-being）和国民幸福总值（Gross National Happiness）等衡量标准。与会者探讨了影响福祉与幸福的要素，制定出测评一国福祉和幸福的标准。有关幸福的定义有诸多争论。当然，健康（包括身体和心理）无疑被放在第一位，睡眠、营养和运动也被明确提到。平衡生活的主题是一大重点，其中如何利用时间是"生活质量最重要的因素之一，特别是休闲以及与亲朋好友交流的时间"。接着是"社群活力"，包括亲密的社群关系以及付出与志愿行为。当然，玩乐和参与文化活动，以及发展艺术技能的机会也被认为是重要的因素。这些平衡的基本要素：健康、玩乐、社群与贡献，全都是海豚教养的核心特色。

图 10.1 是著名的马斯洛需求层次理论，它也显示出许多跟会议一样的发现。如果你仔细看每一类需求就会注意到它们跟海豚教养有许多重合的地方。

图 10.1　马斯洛的需求层次理论

自我实现需求	道德、创造力、自觉性、解决问题的能力、公正公平、接受现实的能力
尊重需求	自尊、信心、成就、尊重他人、被他人尊重
爱与归属需求	友谊、家庭、性亲密
安全需求	身体安全、工作、资源、道德、家庭、健康、财产
生理需求	呼吸、食物、水、睡眠、生理平衡、性、排泄

马斯洛这个简单但精辟的五阶段模式列出了人类动机的形态，从满足最基本的生存需求到最高层级的创造力、解决问题的能力、自觉性、与他人联结、使命、道德和伦理，这些都是快乐的重要需求。

满足这些需求是平衡生活的一部分。只要我们重视基本生存和健康、自由玩乐、大胆探索、建立社会联结、全心贡献和持续挑战，就能为幸福的关键因素打好基础。

有趣的是，一项针对英国和美国福祉进行的综合研究显示，幸福感在人的一生中呈一条U形曲线。许多像我们这种年龄的父母正处于曲线最底部。美国男性与女性对生活最不满意的年龄分别是49岁和45岁，欧洲男性与女性也呈现类似情况（分别是44岁和43岁）。过了这个低点之后，U形曲线往上走的原因可能是一个人放弃了年轻时代的理想，反而更能享受人生。我常常思考，一个人在对人生最不满意的时期养育孩子，会对他们未来的幸福造成什么影响。

那么，衡量孩子是否幸福的最好标准之一也许就是问问你自己：我幸福吗？我在工作中接触了很多不快乐的青少年，他们的父母似乎压力很大，不堪重负（在我看来，这通常是由老虎生活方式导致）。这些青少年说："我真的想成为他们吗？""如果父母让我做的一切我都做了，训练、学习，等等，最终我无非变成他们那个样子，但那不是我想要的。"出于这个原因，我敦促所有希望孩子幸福的父母，自己要把幸福放在首位。而你要做的第一步就是走向平衡的生活方式。

将一切融合在一起

亚伦13岁时被人介绍到我这里来。他显示出对事物逐渐失去兴趣的症状，成绩也在变差，他的医生怀疑他得了抑郁症。

第十章 | 海豚父母会养出什么样的孩子？

和以往一样，我先了解了他的过往经历。我了解得越多越是意识到，亚伦并没有真的得抑郁症，但他的确不健康、不快乐，没有走在成功的道路上。我问亚伦生活中什么事让他感到压力很大，他列出一大串："我的理科老师烂死了，辩论比赛的时间快要到了，每件事都好无聊，爸妈总是介入我的生活。"

我像平常一样回应："谢谢，我懂了。还有吗？"

经过长久的静默后，亚伦明白我愿意等他的回答等到天荒地老，因此他轻声补充说："还有，我哥哥亚当被选进橄榄球校队了。"

"好，"我说，"我们现在分别来给这些事情评分，1 到 10 分，10 分代表这件事带给你的压力最大。"

以下是亚伦评分的结果。理科老师：9 分，"我的老师完全毁了我唯一喜欢的科目。她只会让我们死背知识，不做实验，也几乎不让人问问题"。辩论比赛：4 分，"这件事没有给我那么大压力。只要再多练习练习就没问题。我很擅长辩论，但做这件事不会让我快乐"。每件事都好无聊：9 分，"既然理科被毁了，已经没有什么事让我感兴趣了。反正一切都没意义，只会让我最后变得跟爸妈一样，他们根本不快乐，像滚轮上的仓鼠瞎忙"。哥哥被选进橄榄球校队：10 分，"这没什么好说的"。

后来，在另一次对话中，我请亚伦的父母列出他们认为带给孩子压力的事情并评分。我称之为"配对游戏"，它通常会显示出父母对孩子压力来源的错误认知。亚伦的父母一开始仅列出他的理科老师和辩论比赛为可能的压力源。因此亚伦提供了自己的清单作为补充好让他们为其他项目评分。以下是亚伦父母的评分结果。理科老师：5 分，"他的成绩很好，所以应该不会糟到哪里去吧"。辩论比赛：9 分，"他一定压力很大"。每件事都好无聊（而且他的父母一点也不好玩）：5 分，"他该有的东西都有了，我们甚至刚给他买了最新的 iPad"。哥哥被选进橄榄球

241

校队：4 分，"他或许有点嫉妒吧"。

当我们进行交叉比对时，亚伦对父母的反应并不惊讶，但父母对亚伦的评分大吃一惊，特别是"哥哥被选进橄榄球校队"被评了 10 分这件事。他们想当然认为亚伦嫉妒亚当，甚至试着安慰他，说他应该以哥哥为傲，因为"你有一天也会跟他一样进橄榄球队"。但亚伦的问题不在于嫉妒，而在于他很担心哥哥。他知道亚当去年偷偷服用了一个周期的激素，他担心亚当现在每周要练 15 个小时的橄榄球，再加上重量训练，还有他已经满到不行的课表，这可能会将亚当压垮。亚当已经出现压力过大的迹象，变得易怒。不过，撇开担心不谈，最重要的是亚伦非常想念哥哥。他们兄弟俩只差两岁，自学步开始就睡同一个房间，还常常睡同一张床。小时候都在一起玩，可以说是彼此最好的朋友。亚伦并不嫉妒哥哥，而是对这份对他而言最有意义的人际关系感到悲伤和担心，这让他不开心。

为了应对这个问题，亚伦开始重新调整生活的平衡，这让他感觉好了很多。亚伦的父母在他想要表现和想要独立的方面不再喋喋不休和施加命令。不过，他们还是帮助亚伦跟老师沟通，希望理科课堂能够提供更多创意体验。在老师的配合下，他们帮亚伦找了一个由当地大学研究生带的课后科学辅导班。亚伦从他们身上学习，也开始替一二年级的学生设计简单的实验。他用薄荷糖和可乐罐还有纸飞机做火箭。这些活动让他感受到学习的兴奋以及与他人分享的喜悦。亚伦暂时留在辩论队，但一年后决定逐渐退出，好留出更多时间给理科。

亚伦的父母帮助他和哥哥找时间相处，他们则好好享受自己的爱好：爸爸打高尔夫，妈妈在大自然中徒步。全家都稍微放慢了脚步，共度更多时光。兄弟俩一星期打一次篮球，全家试着一星期一起吃几天晚餐，但这是个挑战。最可行的方式是在周末聚聚并安排周六早上一起吃早餐。虽然大家到了周五各个都筋疲力尽,但亚伦还是会睡在哥哥房间,到了早上他们都会抱怨另一个人"霸占了所有枕头"。他们不会聊太多,但亚伦说只要待在哥哥身边,就有助于他消除紧绷的情绪。

有了时间玩乐和探索后,亚伦开始寻找最佳自我。他设计实验、与他人分享,重建与父母和哥哥的情感联结,变得很快乐。他很兴奋能够做他喜欢做的事,发现自己因此可以在学校所有科目中更加投入。他的成绩连同整体健康和表现都进步了。亚伦(和他整个家庭)在每个层面都变得更快乐。

我在这本书中从头到尾一直想阐述一点,培育孩子成功的方法不是给他们"一切最好的",而是让他们养成必备特质来追求健康、快乐、充满动机和真正成功的人生。

当我开始写这本书的时候,我和家长坐下来请他们告诉我,他们打从心底希望孩子得到什么样的未来。大多数父母谈到的是:良好的品德、聪明、创意、贡献、爱、成功和幸福的结合。这些特质听起来比较像海豚而非老虎。

第十一章

回归人性

邻居凯特在我女儿四周大的时候来看我。她带来了好吃的水果沙拉,我则煮了特制的印度香料茶。她抱起宝宝,对我说抱着刚出生的婴儿有多么令人感到平静,而我则享受着产后朋友的陪伴。

正当我为了煮茶在烧开水并伸伸懒腰时,凯特开始数说16岁女儿萨曼莎的不是。萨曼莎越来越难以管教,凯特已经束手无策。萨曼莎虽然是一名很有天分的体操健将,成绩也全都拿A,但据凯特说,萨曼莎"失去了动力"、不快乐,还会对父母发脾气。

最近的问题是萨曼莎想要更多时间跟朋友在一起,包括去郊外踏青认识的"环保热心人士"。凯特认为把时间花在课业和练习以外的事情上对萨曼莎没什么好处。或许最令凯特恐慌的是大学入学申请即将开始,她怕萨曼莎毁了过去付出的所有努力,上不了她首选的学校。

凯特至少用五种不同的方式说了五次:"我真不知道该怎么办!"我知道她希望我告诉她该怎么做,如同许多处于这种时刻的家长,尤其我又是青少年动机的"专家"。但萨曼莎不是我女儿，我也不是凯特，她们的家庭不是我的家庭。所以，我怎么可能知道做什么对她和家人最好呢？！

我尽我所能实践我所提倡的理念。我一般不会直接告诉别人该怎么做，而是引导他们找出自己的动机和解决方案。对于哪些方法可能有帮助，我当然有一些想法，但我也知道凯特可以自己解答。所以我问她："你的直觉告诉你什么？"

"我好困惑，"她叹了口气，"我以为我终于明白了一些道理，但读了某个跟我情况类似的妈妈写的文章后又乱了方寸，所以我不相信自己那已经所剩无几的直觉。"

凯特这么说的时候，动作却完美地符合直觉，我差点笑了出来。她轻轻地把我刚出生的女儿抱在怀里摇着，讲话轻声细语，宝宝一扭动，她就温柔地把自己的脸颊贴在宝宝的脸颊上，还不时闻闻宝宝的头说："啊，这味道真令人放松。"

在跟我的宝宝相处时，凯特完全顺从直觉，自然到自己都没发现！我一指出这一点，她就停下了动作，看着新生儿，再用疑惑的表情看看我，说："为什么我一遇上我的女儿，直觉就全都不见了呢？"

当然，凯特的直觉并没有"不见"。它们一直都在同一个地方等待父母利用：内心深处。我这么告诉凯特。她回答："现在我唯一拥有的直觉就是把萨曼莎锁在家里，或把她送去内布拉斯加的小镇跟她祖父母一起住。这样不对吧？"没错，这样不对。把萨曼莎锁在家里或送走的直觉是典型的战斗或逃跑反应，这是由恐惧驱动的。问题在于我们因为恐惧、疾病、寂寞等失去平衡时，直觉也会跟着失灵。

直觉是不经由意识处理、思考或观察的观点。相较之下，本能则是不经由意识处理、思考或观察的冲动行为。直觉和本能相互关联，经常被交替使用。当我问父母他们的直觉是什么，其实我想问的是：我想知道促使他们做出特定行为的先天知识（innate knowledge）。

问题在于我们失衡时，本能容易把我们引导到错误的方向。恐惧是本能走偏最糟的原因之一，这是因为我们的大脑在害怕时会做出战斗、僵立或逃跑反应。在生死存亡之际战斗、僵立或逃跑是合理的，但面对青少年做了在这个年纪理应会做的事情，父母不该有如此反应（虽然你可能觉得这跟生死存亡没两样！）。凯特需要联结的是直觉，它从不源于恐惧。直觉是我们与生俱来的先天知识，只能通过冷静觉察来获得。本能有可能是错的，但直觉一定是对的。

我再次看着凯特，她在滔滔不绝中喘了一口气，在宝宝开始打瞌睡时身体左右摆动。她就像两边重量一样的天平，缓缓达到平衡。她原本耸得高高的肩膀放了下来，纠结的眉心也舒展开来。

我端出凯特带来的水果沙拉，倒了两杯印度香料茶，准备了一碗坚果，再给我们两个各倒一杯水。

"在你做任何事之前，我要你先做个深呼吸。"我对凯特说。她照做了，摆动的动作愈发平稳。"现在来吃点东西，喝杯茶吧。"

凯特承认她已经很久没睡好了，整个早上都笼罩在紧绷的压力下，她什么都没吃。她在沙发上坐下，熟练地单手抱着宝宝，女儿的头轻轻靠在她的肩膀上（她完全知道怎么应付婴儿！）。凯特喝了一杯水，津津有味地吃着水果，然后小口咬着坚果。

"我真的需要好好吃点东西，"凯特说，"我都没发现自己饿坏了。现在感觉好了很多。"

"我想知道你在读那个妈妈写的文章之前有什么想法？"我追问着。

凯特停下动作，脸上再度浮现出焦虑的神情，仿佛正在犹豫该不该告诉我一个听起来很蠢的想法。但现在她已经感觉比较自在了，于是便娓娓道来。

"当时我坐在书桌前,看着堆积如山的大学申请资料,心想萨曼莎(和我们其他人)真的要很拼才上得了她前几个志愿的学校。但就算如此,能不能上也要看运气。其实她因为肌腱炎的关系必须少练竞技体操,医生一直坚持这一点。可是我们什么都没做,因为我们知道那样一定会影响她进好学校。不过这不是重点。我发现——我知道这听起来很蠢——她不管上哪一所学校都没关系。每一所都很好!而且我知道她不管在哪里都可以表现得很棒。"凯特哭了出来。我心中的泪水也涌了上来。

"真不敢相信我会这么说,"凯特恢复正常呼吸之后表示,"我指的不是她上不了好学校,而是我说我知道她不管在哪里都可以表现得很棒。我不敢相信,我从没这样跟她讲过。从来没有人讲过!难怪她会把自己绷得这么紧。这可怜的孩子被我们所有的期望压得喘不过气。"

当然,凯特的直觉在她给自己机会重获平衡之后再度发挥作用。我不必多说什么,她自己就想通了。我们人类很厉害的!

和直觉重新联结

老虎和海豚两种比喻并不代表两种不一样的人。我们只要处于平衡状态就是海豚,不平衡就是老虎。

摆脱老虎、带出海豚是一个过程,它跟所有过程一样,背后的动机都不同。某一天,我可能遇到了另一个海豚妈妈,我会觉得自己选择当海豚好棒。隔了一天,我遇到了一个死硬派的虎妈对我龇牙咧嘴,我好怕自己的孩子被她的孩子吃掉,所以故态复萌。又隔了一天,我去大学教课,(又再一次地)确认没有人喜欢老虎(连他们自己都不喜欢),所以我重新回到海豚模式。反反复复、跌跌撞撞和起起落落都是过程的一部分。矛盾的是，我们复杂的大脑让我们特别容易在平衡和不平衡之间来来回回。如果我们跟老鼠或爬虫类一样，人生就轻松多了！虽然爬虫类的脑跟我们比起来小很多，但它们很少抛弃幼子，可是人类会。一个可能的解释是爬虫类简单的脑袋不会传递混乱的信息，但人类极为复杂的脑袋总是把自己搞糊涂！爬虫类的脑只依照本能运作，人脑则复杂到要是不整合，混乱信息或个别部位可能就会夺得控制权。举例来说，由恐惧引发的本能，比如战斗、僵立或逃跑是由脑部一个叫作杏仁核的区域所驱动，这些本能可能导致我们忽视或轻视来自前额叶皮质（脑部的思考区域）的逻辑或情绪信息。我们可能看到蜘蛛会惊慌失措，即使逻辑告诉我们它是无害的。相较之下，我们在环境中（例如学校、社会、家庭）学到的经验可能会导致我们做出跟最基本的睡觉、休息和玩乐等本能背道而驰的行为。

在所有动物中，似乎只有人类没睡饱，没喝足够的水，没有均衡饮食，而且会做出边开车边用手机的疯狂蠢事，或是对着孩子大吼："给我安静下来！"我刚听到一个故事，说有一名男子因为试图打破自己的摩托车竞速世界纪录而身亡。虽然明知必死无疑，他却还是执意赌命。只有人类会做出这种没道理的事。

我们和低等生物不同，天生就会以整合的方式运用直觉加上从高阶学习中获得的知识。直觉来自先天和习得的知识。直觉知识会通过现实经验慢慢微调。直觉让资深警官感觉犯罪现场有地方不对劲，直觉让有经验的医生在不做任何检查的情况下就能察觉出某个病人患有心脏病，直觉让教了20年书的老师在某个学生上学第一天就得知他的学习方式异于常人。

直觉需要左右脑整合：左脑的聚焦和分离必须与右脑的同理心和统

第十一章 回归人性

一性联结。直觉也需要大脑低阶区域（杏仁核）和高阶区域（前额叶皮质）之间的整合。但直觉所包含的东西可不只来自大脑。事实上，我们通常认为"人类的直觉系统"并非来自脑部某个区域，而是整个大脑和身体其他器官的整合，包括心脏和肠道。这还是合理的，毕竟我们经常会"扪心自问"或"心知肚明"。

更劲爆的科学还在后头。有越来越多的证据显示，肠道和心脏拥有自己的迷你脑！肠脑（或肠神经系统）包含超过一亿个神经元，形成网状联结嵌入在肠道内壁。它被称为"第二大脑"，负责与中枢神经系统（大脑与脊髓）沟通，但也可以自主运作，因为它竟然具备所有能够整合的神经元类型。这个系统囊括超过 30 种不同的神经递质，其中大部分都跟大脑里面的一模一样，像是多巴胺和血清素。事实上，人体 95% 的血清素存在于肠道中，它是睡眠、精力、注意力、胃口、情绪和心情的调节剂。

1991 年，科学家发现心脏拥有一个复杂的系统，包含神经元、神经递质、蛋白质和支持细胞，它像大脑一样运作，可以与中央大脑联结或独立行事。这个"心脑"具备 4 万个感觉神经元，将信息传递给中央大脑，而心脏传送给大脑的信息比大脑传送给心脏的多。心脑有短期和长期记忆，它传送给大脑的信号可以影响我们的情绪体验。或许就是心脏散发出电磁场，才会让我们在直觉上知道一个人具有好或坏的能量。

这一切是怎么联结在一起的呢？肠道和心脏里的神经元会通过一个被称为"迷走神经"（vagus nerve）的强大路径跟大脑沟通。"vagus"这个单词来自拉丁语词根"游走"，例如流浪汉（vagabond）。这条神经路径会在身体各处游走，为大脑搜集和传达身体器官（比如肠道和心脏）状态的感觉信息。事实上，约 90% 的迷走神经纤维只会将信息单向从肠道传送至大脑。因此，来自肠道和心脏的感觉可能比经过认知解读出来的还要正确。我们的肠道和心脏会先知道某些事情。举例而言，迷走神经分布在喉咙和内耳，可以比大脑更快从另一个人的声音中"听到"恐惧，即使对方看起来十分冷静。利用功能性磁振造影检视大脑血流的研究发现，我们的周边（身体）血压在预知危险时会比大脑血压先升高。

焦虑会让心跳加快、肠胃不适，压力则会影响血压和胃口。我们以为这些过程都是单向的，从大脑到身体，而非相反。最新的科学研究告诉我们，身体和心智联结及整合以形成直觉的方式有无限可能性，而直觉是健康、快乐和成功最可靠的来源。

虽然我们可能错误解读了直觉，但直觉本身是不会错的。产生直觉的复杂系统互相联结，其中少不了掌管逻辑学习的左脑、掌管情绪直觉的右脑、迷走神经、心脏、肠道，当然还有我们的感官环境，包括其他镜像神经元以及它们的电磁场！

在人类历史上的大部分时间，我们只依赖直觉而活，它整合先天知识以及从当下环境中学到的知识。我们的老祖宗过着渔猎采集的生活，没有网络可以搜寻窍门，而是自己学习有关数百种植物和动物的知识，搞清楚哪些食物可以吃，哪些有毒，哪些具有药效。人类学家形容渔猎采集是"人类所知的唯一稳定的生活方式"。

我们现在的年代可说是人类所知最不稳定的，因为我们常常与直觉脱节。

我们若根据恐惧做决定，就会陷入真正的麻烦。遗憾的是，21世纪的挑战伴随古老的教养难题会激起恐惧，但或许这些恐惧被放大太多了。因此，我们被恐惧所控制，让低阶大脑掌握了主导权，把许多其他驱动力，像是睡眠、玩乐、联结等搁置一旁。我们可能不了解的是，生活在恐惧中会让我们严重失调，看不清真正的危险。以有毒瘾的患者为例，他们很多人深陷毒海，可能赔上性命，而父母根本来不及发现。我

第十一章 | 回归人性

们也看不清自己身为人类的需求：生存基本所需，玩乐与探索，以及社群与贡献。令人讶异的是，这些需求就算摆在过度聚集、过度保护和过度竞争的父母面前，他们还是视而不见。当然，父母的压力很大，在这样的情况下有时候很难深呼吸，保持冷静，运用直觉把注意力放在真正重要的"大局"上。不过，现在比以往任何时候都需要这么做。

身为父母，我们每天都面临数不清的决定。我应该叫他起床还是让他再多睡五分钟？我要怎么在女儿赶着去上学的同时处理她的恶劣态度？我这次应该当作什么事都没有发生吗？我应该好好告诉她，我提醒她要带课本是在帮她，还是现在就制止这种恶劣的态度？我该不该在办公室多待一个小时把工作做完？我该买什么面包，无麸质、全麦、黑面包、白面包，还是营养面包？例子永远列不完。身为父母，我们每天应该如何时刻保持逻辑地将所有决定思考过一遍？我们无法这么做。如果能和直觉联结，也不需要这么做。不堪重负所带来的困惑会启动低阶大脑的恐惧模式，促使本能做出战斗、僵立或逃跑的反应。我们只要有意识地选择就可以做得更好，并让全脑运作。当我们闻宝宝的头，蹲下来跟孩子说话，或自然而然地抱抱孩子时，就是在某种程度上和我们不了解的先天知识做联结，但我们也不太需要去了解，跟海豚一样。我们可以选择培养直觉和真正的内在本质。别担心，你偶尔还是可以陷入恐慌，让低阶大脑动一动，或是读读教养类的文章和书籍（谢谢你买了这一本！）当作左脑的精神食粮。不过，如果你能平衡并整合大脑和身体的每一个部位，把注意力集中在直觉上，就能更容易也更自然地做出正确决定。

海豚父母：一种平衡而全面的方法

海豚父母总是努力达到平衡与全面，他们将先天知识与从环境中学到的知识进行整合，跟着直觉走。海豚父母知道 21 世纪的教养很容易失衡，我们的孩子也是。他们可能会跟自己说："是的，我看到其他人都这么做，但我就是觉得不对，对我的家庭也没有意义。"海豚父母时时刻刻都在适应瞬息万变的世界，同时顺应生物机制，在价值观上不会妥协。

我们来回顾一下 21 世纪的教养压力并思考海豚父母会怎么处理。

- **海豚父母是权威型而非独裁型父母。**海豚父母不会因亲子之间有代沟便退缩，也不会成为纵容型的水母或独裁型的老虎。
- **海豚父母欣然接受全球化。**海豚父母鼓励孩子社交、建立人脉、沟通、合作、竞争以及与来自不同文化和国家的孩子交流。他们知道未来是全球互通与文化互联的世界，在社区、学校和职场上适应多元化将有助于培养文化智慧。
- **海豚父母知道科技历久不衰。**海豚父母会跟孩子沟通科技的力量和危险，并引导他们适当和有效使用。他们鼓励孩子以平衡的方式运用科技，并借此提升 CQ。他们会劝阻孩子不要盲目、不负责任和不平衡地使用科技。他们通过设定限制和坚持原则来为孩子建立健全的心态，但依旧能跟上科技快速发展的脚步。
- **海豚父母利用媒体来获取信息和娱乐，但会有所节制。**海豚父母深知 24 小时新闻循环、真人秀节目、社群媒体和电视广告都会给我们已经压力很大的生活增添恐惧和焦虑。他们不会想都不想就买下最新出版的教养秘籍或报名参加最新的活动，而是会先做几个深呼吸，衡量好坏以及自己的价值观。如果他们真的很困惑，或者被众多的广告和炒作所诱惑，他们可能会向更有经验的朋友寻求建议。

- **单亲海豚父母或几乎没有家庭支持的海豚父母会优先与其他海豚形成社群**。海豚父母会接触群体其他成员，合力进行教养活动，像是看管和接送小孩。他们有创意地进行合作，组织社群并坚持目标，哪怕会花费很多时间。同时他们相信直觉，在让孩子被其他人影响之前先建立信任感。

- **海豚父母会想办法解决主要问题以达到生活与工作的平衡**。海豚父母不会让自己筋疲力尽。他们接受自己的不完美，努力减轻负担，在需要的时候寻求帮助。

- **到了学校入学申请阶段，海豚父母会做最好的打算和计划**。对海豚父母而言，"最好的"学校并不一定是排名最靠前的学校，而是最适合孩子的学校，最能培养孩子天性的学校。海豚父母会考量哪些学校的申请过程不会伤害到孩子的健康、快乐、动机或CQ，他们知道童年是人生唯一的基础，因此平衡的童年加上足够的生存活动比什么都重要，包括哈佛。难道这是说，海豚父母不应该把目标放在让孩子进入一流的学校？当然不是！海豚子女总是能够"申请上"。他们自己很清楚，要在短期和长期胜出的最佳方法就是保持健康与平衡，并运用CQ适应环境。

　　我们先停下来想象一下，如果大学入学申请程序变得不一样，我们身为父母会怎么样，孩子身为独立成年人会怎么样，这个世界又会怎么样？想象一下，如果达到了一定的学术标准后，申请入学时唯一的问题是"你如何让这个世界变得更美好"，人类共同的未来会如何？想象一下，我们把所有时间、金钱、精力和资源都用来让世界变得更好,而非收到"录取通知书"。这时我们才能看到人类心智与精神的真正潜力,为所有人打造一个更美好的未来。

- **海豚父母选择海豚之道**。海豚父母运用直觉,并因此看到孩子的本质。他们把注意力放在亲子情感联结上,有效利用这一点来引导孩子。海豚父母自己会保持平衡的生活方式和深呼吸。他们知道,平衡、直觉、以身作则和引导是最有效的教养工具,因此会据此行动。这些工具是我们生物机制的一部分,也是我们原本就会做、被驱动去做而且会得到奖励的事。奖励是为人父母看到子女健康、快乐、积极和真正成功时所感受到的那种喜悦。若"感觉不对劲",海豚父母会视为警报,注意自己是不是与直觉背道而驰,即将失去平衡。他们脚踏实地养育孩子,随时随地适应不断改变的现实环境。他们对孩子有极高的期望,也就是在人生各个层面都能获得成功。海豚父母会为自己和子女创造一个能够真正实现自我潜能的人生。不过,撇开这些崇高目标不谈,他们的教养方式比老虎教养简单多了。如你所知,简单不代表容易,但却是力量最强大的。

把待办事项清单丢掉

我们处于平衡状态时会是什么样子?我们不会过度安排行程,过度逼迫,过度指示或总是在孩子身边喋喋不休。我们不会把人生看作一场竞赛,而是将它当作一段波澜起伏的旅程。我们不会总想着攀比,我们不会过度聚集、过度保护和过度竞争。我们会把睡眠、健康饮食、喝水、保持活力和深呼吸摆在首要位置。我们会了解世界正在改变,有必

第十一章 | 回归人性

要适应而非走回过时的老路。我们重视 CQ 胜过死记硬背的学习，这样我们才能适应并更加充分地展现我们独特的部分。我们对玩乐和探索的重视程度就跟传统学习一样多。我们会和社群保持联系并做出贡献；通过为大家着想，我们让孩子知道怎么去跟他人产生共鸣、找到身份认同、建立信任、得到尊重、负责任以及关怀他人与周遭世界。我们会让孩子自己做决定，即使不是最好的决定，因为控制点和驱动力存在于孩子而非我们心中。我们会让孩子和自己都过得健康、快乐、积极和成功。

相信我，我知道这一切说起来比做起来容易。我衷心期望这本书没有让你觉得待办事项又增加了。希望我已经帮助你理清了什么才是最重要的——只要我们顺应直觉，便能水到渠成。这些事情不需要被写下来，也不用别人指导。

这本书可以作为指导手册，你需要支持时就随时阅读。记住这一点之后，我要再跟你分享几个想法，帮助你开启接下来转变的旅程。

首先，任何需要改变的旅程都是颠簸的。但每一次颠簸都会让你变得更坚强，更接近真正的转变。我会跟我的患者说明旅程的 4 个阶段，每进入下一个阶段就更接近转变的目标：反应、缓解、复原和再生。举例来说，你对这本书的反应可能是立即减少老虎行为。接着是缓解，也就是老虎症状不见了（但仍有复发的风险）。然后是复原，老虎永远消失，你也再次找回平衡和自己的本质或"原本的自我"。如果你一直坚持平衡生活，你会再生，感觉比以往任何时候都要好，获得人类真正的活力。

为了帮助你完成这几个阶段，你需要做两件事。第一，在群体中找几个伙伴。研究显示，如果有人跟你一起经历改变的过程，通常对你有好处（不管是减重还是戒烟）。你可以在 www.thedolphinway.net 找到伙

255

伴，我也会在那里跟你一起努力！第二，找一个榜样，某个你想要效仿的父母或个人。榜样可以是你的朋友、认识的人或知名人物。这个榜样是你在陷入困境时会想到或打电话给他的人，或是让你自问："某某某在这种情况下会怎么做？"

最后以及最重要的是，记住你身为父母真正的用意：养育一个健康、快乐和真正成功的孩子。健康摆在第一位，因为它是人生一切的基础。平衡的生活方式是确保健康的最佳方法。在这个压力巨大的世界，平衡和健康必须是所有家长的明确目标，而且不该被视为理所当然。接下来是快乐。它很简单：如果孩子不快乐，你也不会快乐，直到孩子再度开心起来，这种痛苦才会停止。从变成父母的那一刻起，我们的快乐就永远跟孩子脱离不了关系。你现在应该已经知道，我指的成功并不是单一狭义的在纽约、伦敦或香港找到了工作这种事。成功是让健康（生理、心理和社交）、内在动力和快乐达到顶点。只要了解自我、社群以及该如何为世界做出独特贡献，成功的甜美果实就会随之而来。

每次我失去平衡或在某种情况下对自己的意图感到困惑时，我就会想起我的父母以及他们教养和生活的方式。以前我觉得我有一个好母亲，尽管她很单纯，没受过教育又不识字。而现在我觉得我有一个好母亲，正是因为她如此单纯、没受过教育又不识字。或许这让她得以保持和发展与生俱来的直觉，发挥大自然赋予所有人类的知识和智慧。在巨大的生活压力下，她还是能够屏除所有杂音，专注于最重要的事情，因为她运用了直觉。她重视常识和"生活智慧"的程度等同或超过书本智慧。她从来不做"感觉不对"的事，特别是在养育子女方面。她在成长过程中学会了向内而非向外寻求解答，这为她带来平衡。我的母亲是个很有灵性的人，她称直觉为精神。不管它是什么，或你想怎么称呼它，答案总是在我们心中，即使这个答案是你需要外在的帮助或引导。无论我们是否相信更高的存在，演化、宇宙、大自然或随机的混沌，我们都认同一点，所有动物天生就具备知道该怎么做的能力。

既然现在该知道的都知道了，我们便不再需要老虎或海豚的比喻，因为人类完全有能力担当绝佳父母，甚至比其他任何动物做得都好，多亏了厉害且复杂的生物机制。我们天生就拥有动机。此外，健康、快乐和适应力是人类的原厂设定。父母有很多东西可以让孩子学习，但身为父母，我们也有很多事情需要从孩子身上学习。孩子证明了活力、爱和好奇心都是人类天性，也证明了我们都应该好好睡觉、活动筋骨、在外玩耍、探索世界、建立联结以及互助合作。孩子提醒我们存在本身就是一种纯粹的喜悦。想要成为好的父母，只需要按直觉行事。有了天性做后盾，我们就可以充满爱地引导孩子迈向健康、快乐以及人生各个层面的真正成功。这一点其他任何动物都比不上。

致　谢

我的一生都在被引导着走向海豚之道，因此我一生都要感谢那些人。我无法一一说出他们的名字，但我可以把他们统称为——我的老师。我的老师有各种形式：我亲爱的丈夫，忠诚的父母，给我启发的兄弟姐妹，鼓励我成长的朋友，支持我发展的同事，我信任的导师，以及我谦逊的孩子。当我们敞开心扉接受他人所能提供的东西时，我们便能从他人身上学到很多东西，这是令人惊奇的。

作为一个初出茅庐的作者，有人毫不畏惧地引导我进入出版这个让我害怕的领域。我深深地感谢加拿大版编辑尼克·加里森（Nick Garrison），他把对写作艺术和科学的掌握带到了这本书中，是我"最喜欢的老师"；感谢美国版编辑萨拉·卡德尔（Sara Carder），她对这本书传达的信息坚定不移地持乐观态度，以及她对这本书同样重要的装帧持有的挑剔眼光；还有阿丽尔·埃克斯图特（Arielle Eckstut）和大卫·亨利·斯特里（David Henry Sterry），他们是我文字的"守护天使"，他们出现的时机恰到好处！我要感谢阿明·布洛特（Armin Brott）和苏珊娜·玛格丽丝（Susanna Margolis）在写作初期所付出的努力，感谢克劳迪娅·福加斯（Claudia Forgas）和玛丽·安·布莱尔（Mary Ann Blair）对本书进行了精确而细致的整理。我感谢我勇敢的经纪人吉姆·莱文（Jim Levine），他为我打开了一扇门，用智慧、清晰的判断和善良

致 谢

引导我渡过难关。致阿什利·奥德兰（Ashley Audrain）、特里沙·邦尼特（Trish Bunnett）、查瑞迪·约翰斯顿（Charidy Johnston）、韦斯娜·密西可（Vesna Micic）、伊丽莎白·费希尔（Elizabeth Fischer）和布里安娜·山下（Brianna Yashamita），感谢他们耐心地教我宣传、销售和营销的知识，感谢他们的无限活力和热情。感谢斯科特·卢默（Scott Loomer）和贝丝·洛克利（Beth Lockley）在幕后的工作，让我在第一次见面的时候就知道企鹅是最适合我的地方。感谢莱文格林伯格（纽约）、企鹅加拿大出版社（多伦多）、企鹅塔切尔出版社（纽约）和谢尔顿互动（奥斯汀）所有才华横溢的员工，感谢他们的辛勤工作和付出，多么令人惊叹的团队合作啊！我非常感谢萨扬·吉尔（Sajan Gill），他是我聪明而富有创新精神的研究助理，也是海豚教养法的忠实拥护者。

最重要的是，我真的很感谢我的家人和朋友，他们尽心尽力给予我帮助，他们鼓励我开始这段旅程，并在我沉沦的时候拉我一把（这并不罕见）！简而言之，他们的能量、无条件地支持和爱带我走过了这几年。我必须承认这本书并不只属于我一个人。这本书还属于所有在我身上留下烙印的人。它所揭示的科学来自那些发现生活真相的杰出研究人员。而这本书的精髓——它的信息、它的承诺和它的精神——只属于大自然母亲，她赐予我们内在的智慧和无限的快乐。

图书在版编目（CIP）数据

哈佛妈妈的海豚教养法 /（加）希米·康著；洪慈敏译 . —上海：上海社会科学院出版社，2021
 ISBN 978-7-5520-3672-5

Ⅰ.①哈… Ⅱ.①希… ②洪… Ⅲ.①儿童教育—家庭教育—研究 Ⅳ.① G782

中国版本图书馆 CIP 数据核字（2021）第 172347 号

THE DOLPHIN PARENT: A Guide to Raising Healthy, Happy, and Self-Motivated Kids
by Dr. Shimi K. Kang
Copyright © 2014 by Shimi K. Kang
Simplified Chinese translation copyright © 2021
by Beijing Green Beans Book Co., Ltd.
Published by arrangement with author c/o Levine Greenberg Rostan Literary Agency through Bardon-Chinese Media Agency
All rights reserved.

上海市版权局著作权合同登记号：图字 09-2021-0755 号

哈佛妈妈的海豚教养法

著　　者：（加）希米·康
译　　者：洪慈敏
策划编辑：徐　昕
责任编辑：周　霈
特约编辑：徐　昕
封面设计：page11
出版发行：上海社会科学院出版社
　　　　　上海顺昌路 622 号　邮编 200025
　　　　　电话总机 021-63315947　销售热线 021-53063735
　　　　　http://www.sassp.cn　E-mail:sassp@sassp.cn
印　　刷：天津旭丰源印刷有限公司
开　　本：710 毫米 ×1000 毫米　1/16
印　　张：16.75
字　　数：205 千
版　　次：2021 年 10 月第 1 版　2021 年 10 月第 1 次印刷

ISBN 978-7-5520-3672-5/G · 1120　　　　　　　　　　　　定价：52.80 元

版权所有　翻印必究